メディア・ローカリズム

Media Localism

地域ニュース・地域情報を
どう支えるのか

脇浜紀子・菅谷 実 編著
Wakihama Noriko　Sugaya Minoru

中央経済社

はしがき

　1990年代にインターネットの商用利用が始まって以降，新しい財・サービスが次々と生まれ，「ICT革命」といわれる産業構造・社会構造の変革が進んできた。2010年代に入ると，IoT，ビッグデータ，AI，といったさらなる技術のブレークスルーが社会経済全体を根本から変える局面を迎えつつあり，「ポスト資本主義」や「第4次産業革命」の到来ともいわれている。

　デジタルテクノロジーの発展によるこのパラダイムシフトの中で，メディア産業においては放送と通信の融合が進んできた。情報の種類（文字，画像，音声，映像等）はもはや伝送路に固定されることはなく，受信デバイス（テレビ，パソコン，スマートフォン，タブレット等）も選ばない。ソーシャルメディアとモバイル端末の普及で情報発信は誰にでも可能となり，情報の複製や流通の限界費用はほぼゼロである。限られたメディア企業が川上から川下に情報を流通させて利益を上げるモデルは有効性を徐々に失い，持続可能な事業のあり方をめぐって試行錯誤が続いている。

　とりわけ懸念されるのは，メディア産業の担う単純にコモディティ化できない性質の情報・機能の取り扱いである。すなわち，①表現の自由や民主主義の発展に寄与する，②文化の創造・醸成を担う，③生活の安心・安全に資する，④非常時の正確・迅速な情報，⑤信頼・信用できる質の高い情報，といった公共的役割である。これらは，従来，伝統的メディア企業が垂直構造のなかで専門知識と視点，歴史，経験，組織力を，排他的に発揮し，また，組織内の収益分野から内部補助することで担保してきたが，従来収益モデルが崩れるなか，どう持続させていくかが喫緊の課題となっている。

　本書が注目するのは，住民の最も近いところで①～⑤の公共的機能を担う地域ニュースと地域情報である。メディア消費形態の変化に対応し，すでに激しい競争が始まっている娯楽性の高い分野（映画・ドラマ・スポーツなど）とは異なり，必ずしも収益性が伴わない地域ニュース・地域情報への取り組みは後手に回っている。このパラダイムシフトの中で，地域ニュース・地域情報がど

のように提供されていくのかを，多様な視点から考察するのが本書の目的である。

　なお，地域ニュースと地域情報を併記しているのは，「ジャーナリスティックな報道」と「一般的な地域情報」を合わせた広い概念でメディア・ローカリズムを捉えるためであり，海外文献でよく使われる「Local News & Information」という言葉に倣っている。ただし，以降の本文では，特段の断りがない限り，両方の意味をこめて「地域情報」と短縮して記述することが多い。

　本書の構成は，まず**序章**において，本書のタイトルであり，問題意識を表す「メディア・ローカリズム」という用語について説明する。そして，第Ⅰ部で，デジタル化が主に北米の地域メディア市場にもたらしている変革を，理論と事例から考察する。**第1章**で，地域情報が「公共財」「価値財」「ユニバーサルサービス」の対象となるのかの議論を整理し，**第2章**と**第3章**で，クラウド・ファンディングや非営利モデルを活用した新たな地域メディアサービスの潮流を紹介する。**第4章**では，GAFAと呼ばれるグローバル・プラットフォーマーの地域情報への貢献のあり方を検証する。

　第Ⅱ部は，**第5章**で英国，**第6章**で韓国，**第7章**で中国，の地域メディアの現状と課題が報告される。地域情報においても存在感を増す英国のBBC，地域報道に力を入れ始めた韓国のケーブルテレビ，インターネットの急速な普及を受けての中国中央政府の地域メディアへのコミットなど，それぞれに注目される最新の動向が紹介されている。

　第Ⅲ部では，地域メディアをめぐる政策面に目を向け，その影響を議論する。**第8章**は，米国の非商業放送局の生成過程の詳細分析からみえてくるローカリズム原則の特質が，ネット時代にどう作用するのかを考察する。**第9章**は，日本の電波割り当て政策から地上波民間テレビ放送の地域情報流通機能を分析している。**第10章**は，ICT産業による地域活性化に視点を広げ，福岡県が取り組む施策の事例研究を行っている。

　社会経済の枠組みが変わっても，信頼性・正確性・適時性を持った地域ニュース・地域情報は，供給され続けなければならない。上記の多面的な切り口から，地域ニュース・地域情報の公共的使命を照らし出し，メディア・ローカリズムの議論を活性化させたい。

本書の共同執筆者の多くは，2017年度に立ち上がった情報通信学会の地域メディアプラットフォーム研究会のメンバーであり，学会大会等で本プロジェクトの研究報告も実施された。同研究会幹事であった一般財団法人マルチメディア振興センターの米谷南海氏のサポートがプロジェクトの円滑な進行を可能にしてくれた。また，一連のプロジェクトは，共同編著者である菅谷実白鷗大学客員教授（慶應義塾大学名誉教授）の導きによるものである。お二人に，ここに感謝申し上げたい。

　最後に，本書の刊行をお引き受けいただいた中央経済社の納見伸之氏には，初めて編著を担当する筆者に準備段階から丁寧にご助言をいただいた。心からお礼を申し上げる。

2019年9月

脇浜　紀子

目　次

はしがき　i

序　章
メディア・ローカリズムとは　　　　　　　　　　　　　　1

第 I 部　地域メディアの新たな潮流

第1章
地域ニュースと地域情報の公共性　　　　　　　　　　6

1　メディアの公共性をめぐる分析の視点　6
2　メディアは公共財，価値財に該当するのか　7
3　メディアはユニバーサルサービスに該当するのか　11
4　おわりに─地域情報と「公共財」，「価値財」，
　　「ユニバーサルサービス」の概念　16

第2章
カナダのオンライン地域メディア　　　　　　　　　19
─地域ニュースの貧困への取り組み

1　はじめに　19
2　メディア産業の現状　19
3　地域メディアをめぐる新しい課題　24
4　オンタリオ州ハミルトン市における取り組み　30
5　おわりに　35

第3章

米国の非営利デジタルニュースメディア 41
―その台頭とパートナーシップの現状

1 はじめに 41
2 米国の非営利ニュースメディアの発展経緯 42
3 米国の非営利ニュースメディアのパートナーシップの現状
（聞き取り調査） 46
4 マルチプラットフォーム・ストーリーテリング 54
5 おわりに 58

第4章

グローバル・プラットフォーマーと
メディア・ローカリズム 64

1 メディアとグローバル・プラットフォーマーの関係 64
2 オンライン・メディア市場の現実 66
3 オンライン・メディア市場をめぐる協調と競争の構図 68
4 メディアのコンテンツ配信におけるプラットフォーマー
活用（協調1） 70
5 プラットフォーマーとメディアの協業イニシアティブ
（協調2） 71
6 プラットフォーマーと距離を置いたメディア独自の
コンテンツ配信（競争1） 76
7 メディアとプラットフォーマーの対立を煽る企業戦略や
政策・規制（競争2） 77
8 プラットフォーマーによる地域情報配信の支援 81
9 おわりに 84

第Ⅱ部　海外における地域メディアの現状と課題

第5章

英国：連合王国と地域放送メディア　　90
―アクター・サービス・市場構造

- 1　はじめに　90
- 2　英国の地域社会と放送メディアの概観　91
- 3　地域向けテレビ放送サービス　94
- 4　地域向けラジオ放送サービス　101
- 5　地域メディアの利用状況　105
- 6　英政府の地域メディア政策　108
- 7　BBCのローカル・ニュース・パートナーシップ（LNP）　111
- 8　おわりに　113

第6章

韓国：有料放送市場と
ケーブルテレビ地域情報の価値　　119

- 1　はじめに　119
- 2　韓国のメディア利用動向　119
- 3　有料放送の競争　125
- 4　ケーブルテレビの挑戦　128

第7章

中国：新旧地域メディアの最新動向　136

- 1　はじめに　136
- 2　地域における伝統メディアの現状およびデジタル化の発展　138
- 3　地域ニューメディアの現状および娯楽化の発展　144
- 4　地域メディアの視点からみた地域における伝統メディアのデジタル化およびニューメディアの娯楽化　146

第Ⅲ部　地域メディアをめぐる政策議論

第8章

米国のローカリズム原則と非商業放送制度　150
―その今日的意義

- 1　はじめに　150
- 2　ローカリズム原則　150
- 3　非商業教育放送の生成過程　151
- 4　商業放送の限界　153
- 5　公共放送公社とネットワーク　158
- 6　ネット時代のPBS―事例研究　ハワイ州の公共テレビ局（PBS Hawai'i）　164
- 7　おわりに―PBSにみる米国のメディア・ローカリズムの特質　166

第9章
日本の電波割り当てと地域情報流通機能　168

1　はじめに　168
2　放送の地域性　169
3　テレビ放送事業の制度設計と産業構造　170
4　地域情報流通機能分析　175
5　アクティブ・アクセス　181
6　おわりに　184

第10章
メディア・ローカリズムを支える地域活性化　188
―福岡のケーススタディ

1　はじめに　188
2　福岡のケーススタディ　189
3　おわりに　194
（補論1）　都道府県別のICTのTFP　195
（補論2）　TFPの高低の要因分析　198

索　引　205

序　章

メディア・ローカリズムとは

菅谷　実

　米国には，建国当初，欧州各地域からの移民が流入してきた。欧州からの移民は，船でニューヨークに到着後，全米各地に移動し，それぞれの地域の出身者が，自らのコミュニティを形成していった。そのコミュニティの形成過程においては，ローカル・コミュニティごとに教育，金融，電気，電話などのさまざまなサービスを自らで提供する体制を構築してきた。

　中央政府からの支援に頼るのではなく，各地域の移民集団により形成されたコミュニティが，コミュニティごとに日常生活に必要な設備，サービスを自らが構築してきた。米国では，そのような草の根的な発想をローカリズム（localism）と呼んでいる。

　このローカリズム原則は，放送政策にも適用された。1952年に確立された米国の地上波テレビ局電波配分政策において，連邦政府機関である連邦通信委員会（Federal Communications Commission：FCC）は，テレビ用無線局の配分原則としてローカリズム原則を採用した。それは，第8章で明らかにするように，各コミュニティに1局のテレビ局を置局することを最優先とした電波配分政策であった。

　ローカリズム原則に基づく電波配分原則は，今日も大きな修正もなくFCCの放送用電波配分原則として存在している。しかし，この間に，メディア環境は大きな変容を遂げている。

　もともとテレビ用電波は希少な資源として存在し，FCCから放送局免許を得た限られた放送事業者だけが，非競合性と排除性を持つ共同消費財的無線波を利用した放送サービスを提供してきた。そこで提供される番組内容は娯楽情報だけにとどまらず，天気情報，交通情報，さらには災害時の避難情報など，

日常生活に必需の情報が含まれている。

しかし，近年，放送を取り巻くメディア環境は大きな変化を遂げている。地上波放送に加えて衛星放送が登場し，それがケーブルテレビの多チャンネル化を実現させ，1990年代以降はインターネットの登場によりケーブルテレビに加えてIPTVも開始された。さらに，SNSの普及により映像情報は誰もが提供可能となり，地上波放送のデジタル化により地上テレビ番組もスマートフォンによりいつでもどこでも容易に視聴可能な時代が到来している。

このようなメディア環境のなかで，テレビ用無線電波資源の物理的希少性には大きな変化はないが，放送サービスの伝送路は多様化し，放送サービス，あるいは映像サービスを提供可能な伝送路，すなわちネットワークの希少性はすでに消滅している。そのなかにあっても放送サービスに対する伝統的公的規制は継続し，放送サービスに対する規制論も理論的には電波希少性から価値財に基づく規制論に移行しつつある。

以上のような市場環境の中で登場したのが本書で用いるメディア・ローカリズムという概念である。それは，地上波テレビという物理的希少資源を使用している地上放送に対する規制を超えたさらに包括的な概念として捉えることができる。

具体的に述べるならば，1950年代に確立した電波配分原則のなかで生成された地上波局だけでは多様な地域情報が提供されえない地域においてもケーブルテレビ，SNSなどによる「地域ニュースと情報（local news and information）」は，地域メディア市場において地上波局の補完的役割を果たすという状況が生じている。それを本書ではローカリズムという用語の進化形としてメディア・ローカリズムとした。

映像情報市場において，地上波放送局が「地域ニュースと情報」の唯一の提供主体であった時代においては，地上波放送局だけがローカリズムの担い手であった。本書においてメディア・ローカリズムとして表現をした今日のメディア状況の形成過程においては，ローカリズムが実現された時代とは異なり，その状況を実現させたのは放送サービスだけではなく技術進化が生み出した多様なメディア・サービスである。

そこには非放送系企業および市民サイドからの自発的な情報提供があり，そ

れがメディア・ローカリズムという新しい概念の形成主体となっている。

　ローカリズム原則は，米国放送政策の基本理念である。厳密に議論をするならば，日本の放送政策を形成する基本理念は，ローカリズム的側面もあるが，その根幹は「あまねく主義」，すなわち，全国どこでも，あるいは個々の放送地域のどこでも，同等の視聴環境を提供するという理念である。しかし，本書では，日本に加えて，米国以外の欧米諸国およびアジアの事例も含め，メディア・ローカリズムという概念で，新たなメディア環境下における地域情報のあり方を論じている。

　このメディア・ローカリズムという用語自体は，本書で最初に用いられた用語ではない。2017年，米国ヴァージニア大のアリ助教授（Christopher Ali）が刊行した本のタイトルにもメディア・ローカリズムという用語が用いられている。しかし，そこでは，上記で説明したような概念としてこの用語を用いておらず，メディア産業全体に関わる諸政策を総合的に取り上げている。具体的には，米国，カナダ，英国のローカル放送政策の比較検討を目的とした同書が，その狙いを明確に表現する用語として"Media localism The Policies of Place"を同書のタイトルとしているのである。そのことを付言して，本書の序章としたい。

第Ⅰ部

地域メディアの新たな潮流

第Ⅰ部　地域メディアの新たな潮流

第1章

地域ニュースと地域情報の公共性

神野　新

1　メディアの公共性をめぐる分析の視点

　本章では，新聞，雑誌，放送などの伝統的メディア（以下，メディア）が提供するコンテンツ，とりわけ地域に密着したニュースや情報（以下，地域情報）に着目し，その社会的な役割と重要性に関して考察を行う。分析の視点として，①地域情報は「公共財：public good（s）」もしくは「価値財：merit good（s）」に該当するのか，また，②地域情報はユニバーサルサービスの要件を満たすのか，という2点に注目する。

　もし，地域情報が公共財もしくは価値財に該当するのであれば，その提供主体である地域メディアに対して公的支援を出動する余地が生まれる。さらに，地域情報が電力，郵便，電気通信など一部の公益事業と同じように，ユニバーサルサービスの対象となりうるのであれば，メディア産業全体で地域情報の提供から生じる赤字を基金などの形で共有することも考えられる。そして，赤字共有の可能性が現実的だとすれば，メディア産業の範疇にプラットフォーマーを含めることの是非について検証すべきである。

　以下，順を追って説明を行うが，英語の「ローカル」と「リージョナル」は，それぞれ「地方」と「地域」に区分・訳出されるべきところ，本章ではローカルを内包した概念としてのリージョナルを分析対象とするため，全章を通して「地域」という用語を統一的に使用する。

2 メディアは公共財，価値財に該当するのか

　本節では，メディア産業が全体として公共財もしくは価値財の概念に適合するのかどうかを検証し，さらに，地域情報に絞り込んだ議論を紹介する。近年，インターネットの隆盛によるメディア企業の経営苦境を背景として，また，フェイクニュースに対する懸念の広がりなどを受けて，ニュースなどの情報を「公共財」とみなし，メディア支援を増強すべきとの議論が盛んである。

　たとえば，ハーバード大学のジャーナリズム研究機関であるNiemanLabは2016年4月，「ニュースは公共財である（"News is a Public Good"）」と題するレポートを発表した（NiemanLab［2016］）。執筆者は，同大の大学院出身で，パリ政治学院（Sciences Po Paris）のカジェ（Cagé, J.）准教授[1]である。彼女は自らの著書 "Saving the Media-Capitalism, Crowdfunding, and Democracy" の内容をレポートの中で紹介しているが，その趣旨を一言で表現すれば，「ジャーナリズムの発信機関（アウトレット）は『非営利メディア組織』のステータスを認められるべきだ」というものである。

　このような，メディアのジャーナリズム機能を「公共財」とみなすべきだという主張に対して，最近では，さらに一歩進んで「価値財」と認めることにより，政府機関がメディアに対する公的支援を行う理論的正当性を，より強化すべきだという主張も出てきている。

2.1　公共財としてのメディア

　メディアや，そのジャーナリズム機能自体ではないが，それが提供する「情報（information）」を公共財とみなす考えは，新古典派経済学の中に広く支持が存在してきた。公共財の特徴は「非競合性（nonrivalrous）」と「非排除性（nonexcludable）」により説明される。すなわち，多くの人々が同時に競合して利用可能な財であるが，対価を支払わない人（フリーライダー）を排除することが難しく，それでも効用が低下することのない財である。そのような財のうち，実質的に無料提供されるものが純粋な公共財として分類されるが，政府による外交，国防，警察，道路，港湾などのサービス（財）がその例である。

8 第 I 部 地域メディアの新たな潮流

メディアについては，対価を支払わない人も利用可能なサービスは広告ベースの民間放送など一部であり，新聞など多くの有料サービスは非競合性と非排除性を完全に満たす公共財とは言えない。しかし，21世紀に入ると，メディアの扱う「情報」が公共財であるとの認識がより高まり，メディア自体あるいは，そのジャーナリズム機能を公共的存在とみなすべきだという議論が現れる。

世界銀行が2002年に刊行した「発言の権利—経済発展におけるマスメディアの役割」の中では，複数の学者が情報は公共財であり，それを取り扱うマスメディア（すべてではないが）は公共的使命を負うとの考えに立っている。その一部を紹介すると，冒頭で同行エコノミストのイスラム（Islam, R.）は，情報は公共財であり，いったん供給されたならば，それに対価を支払わない消費者から取り戻すことは困難であり，それがメディアの公共化を主張する人々の論拠になっていると説明している。また，2001年にノーベル経済学賞[2]を受賞したスティグリッツ（Stiglitz, J.）は「現代の情報理論の重要な洞察は，多くの面で情報が公共財だということである」と明言し，その論拠として，情報の限界コストがゼロであることを挙げている（Stiglitz［2002］）。

この両論文からもうかがえるように，公共財としての情報を収集，編集，発信する（マス）メディアの公共的使命を重視すべきとの考えが広がっている。ただし，付言が必要だが，この論文集は情報が公共財であるがゆえに，メディア企業を公共組織化することが望ましいとの論調が展開されているわけではない。

本章が対象としているメディアとは，新聞，雑誌などの出版物，そして放送である。放送はさらに，公共放送と民間放送に区分される。それらのサービスを公共財の特徴である競合性と排除性の違いに基づき分類すると**図表1−1**のようになる。この表では横軸に「非競合性」がある場合のみを取っているが，その理由は，スティグリッツの指摘の通り，メディアの「情報」に基づくニュースなどのコンテンツが非競合的だからである（前述の通り「非競合的」とは「市場に競争事業者が存在しない」という意味ではないことに注意されたい）。

図表1−1で注意すべきは，広告ベースで多くの娯楽番組を提供する民放は，視聴が無料であるがゆえに排除不可能性の面で公共財に該当し，逆に有料であ

図表1－1　公共財とメディアのポジション―公共放送は公共財ではないのか？

排除性／競合性		非競合性（nonrivalrous）		
排除可能	準私的財	有料		無料
		新聞，雑誌，公共放送[注]？		N/A
排除不可能 (nonexcludable)	公共財	有料		無料
		N/A		情報利用　民間放送？
		媒体ではなく，コンテンツを支える**「情報」こそが公共財** （娯楽，スポーツなどを除く，政治・経済・社会・文化ニュース）		

注：公共放送（NHK）が有料サービスである日本のケースを想定。
出所：筆者作成。

るために排除可能性を持つ公共放送（日本放送協会：NHK）は公共財ではないという，矛盾した結果が出ているように見えることである。実際には，スティグリッツが主張しているように，新聞社や放送局がニュースなどのコンテンツを制作する際に利用する「情報」が公共財であり，媒体（メディア企業）全体が公共財か否かという視点で分類することは，的外れなのである。

Dagiral and Parasie［2013］は，ジャーナリズムは公共財であるとの前提に立って，米英で実験が行われているデータに基づく自動的なニュース作成（「プログラム・ジャーナリズム」）は，認識論（epistemological）の観点に照らして，人間としての記者が生み出すニュースとは異なり，公共財としての貢献に欠けるという主張を行っている。ここでDagiralらは，メディアの娯楽番組などの制作機能ではなく，事実（情報）に基づく報道機能を「ジャーナリズム」と呼んでいるのだが，そのような区分は，支援を行うべき対象がメディア企業の中の一部の機能であることを意味している。

2.2　価値財としてのメディア

世界中の財務危機にあえぐメディア企業への支援策，とりわけ，公的支援が機能していないことを背景に，メディアを公共財ではなく価値財を保有する主体として捉えるべきだという主張も出てきている。メディアのあり方に関する

議論では，公共財に比べて価値財は相対的に認知度の低い概念であるが，一言で価値財を表現するならば「誰かが消費することで，周りの全体が良い影響（「正の外部性」）を被るような財」である。同概念は，マスグレイブ（Musgrave, R.）が1950年代後半に提起したものだが，吉田［1987］は，価値財の事例としてよく挙げられるのは，公費で賄われる学校給食，補助金で供給される低家賃住宅，無料の義務教育などだとしている。吉田の論文はマスグレイブによる価値財概念の提唱から約30年後に発表されたものだが，「価値財（merit goods）と非価値財（demerit goods）という概念は，マスグレイブが提唱して以来，学界で容認され定着した観がある」と書かれている。経済学の世界では価値財は長い歴史を持つ理論なのである。

　メディアのジャーナリズム機能を価値財として捉えるべきか否かという議論はまだ少ないが，ヴァージニア大学メディア・スタディーズ学部のアリ（Ali, C.）准教授の「財政緊縮の時代における価値財のメリット：ローカル・ジャーナリズムと公共政策」（Ali［2016］）は，この問題を正面から取り上げて議論喚起を行っている貴重な論文である。本書・本章のテーマと特に関連が深いので，その主張のポイントを少し長くなるが以下に紹介する。なお，同論文中の「ローカル」という英語は，冒頭で説明した理由により，本章では一括して「地域」と訳出している。

①地域ジャーナリズムは，政策立案者や学者により，しばしば，新古典派経済学が公共財と呼ぶ概念に区分されてきた。公共財は非排除性を有するため，料金を支払わない消費者による使用を事実上排除できないという，フリーライダー（無料消費）問題に直面する。

②地域ジャーナリズムの社会民主的（social democratic）な重要性を完全に把握するためには，公共財という言説（discourse）では不十分であり，価値財として考察すべき時期に来ている。

③あるサービスが公共財とされたならば，個人がそれを消費しない限り，その財は提供されるべきではないと判断され，規制による支援的介入の根拠を失ってしまう。

④それに対して，価値財は消費行動にかかわらず提供されるべきだという，

規範的（normative）な前提に基づいている。もし，地域ジャーナリズムを価値財と位置づけるならば，経済理論に根差した規制支援の正当性が強化される。

⑤ただし，何かが価値財とみなされるためには，誰かがそのようなレッテルを貼る必要があるが，それはパターナリズムであるとして，マスグレイブ自身も批判を受けてきた。

⑥そこで，地域ニュースを価値財と指定するにあたり，パターナリズムの懸念を緩和するために，指定を政治エリートのみに任せるのではなく，地域メディア規制の枠組みに関するマルチステークホルダー・アプローチを模索することが考えられる。

以上の主張は，地域ニュースは社会民主的な価値観から見て重要であり，消費の多寡にかかわらず提供されるべきという規範に立脚している。そうすることで，規制支援を正当化する理論的根拠が確立され，支援を躊躇することなく遂行できるという見解である。ただし，アリも認めているように，政策的支援を正当化するためのメディア機能の価値財化という論拠に対しては，パターナリズム的な唯我独尊であるという批判や，その種の支援でジャーナリズムが公共化，さらには国有化される危険性を秘めているという反論が想定される。

アリのような主張は，彼自身が使用している言葉から明らかな通り，一般に政府による規律された市場を重視する社会民主系政党（米国では民主党）には支持されやすいかもしれないが，自由な市場の力を尊重する保守系政党（米国でいえば共和党）からは反発も出るだろう。

3 メディアはユニバーサルサービスに該当するのか

続いて本節では，メディア産業はユニバーサルサービスの対象たり得るのかという分析を行い，その後，地域情報に絞り込んだ適用を試みる。

多くの国々では，電力，郵便，電気通信など，公益事業の一部にユニバーサルサービス制度が導入されている。その際に，国や産業を問わず，提供サービスの「①不可欠性（Essentiality）」，「②利用可能性（Availability）」，「③料金

の手頃さ（Affordability）」が，ユニバーサルサービス義務を構成する3要素とされることが多い。したがって，メディアがこれらの要素を満たすサービスを提供しているか否かが問題となる。本書では，メディアとプラットフォーマーの関係が焦点の1つであるが，プラットフォームはコンテンツとネットワークの中間層に位置することもあり，以下では，ネットワーク（すなわち電気通信）分野のユニバーサルサービスの分析を中心として，メディアの上述の3要素の充足性の認定に関する示唆を得ることとしたい。

　電気通信のユニバーサルサービス制度については，2018年に日欧で大きな動きがあった。日本では，総務省が8月に開始した電気通信ルールの包括的検証の一環として，ユニバーサルサービス制度の見直しに着手した。また，欧州連合（European Union：EU）では，同制度の9年ぶりの全面的な改訂が12月に完了している[3]。以下，日欧のユニバーサルサービス制度のうち，メディアへの適用を考える際の参考になる部分を抽出して解説する。

3.1　日本の電気通信のユニバーサルサービス

　総務省は電気通信のユニバーサルサービスを説明するホームページにおいて，以下のような記述を掲載している（一部抜粋）。ここで，下線とカッコ内のアルファベットは筆者の追記であるが，Eは「Essentiality」，AVは「Availability」，そして，AFは「Affordability」に関連する記述である。

　（総務省説明）「国民生活に不可欠（E）な通信サービスである，加入電話（基本料）又は加入電話に相当する光IP電話，第一種公衆電話，緊急通報（110番，118番，119番）は，日本全国で提供されるべきサービス（AV）として，ユニバーサルサービスに位置づけられています（中略）……競争事業者の参入により，都市部等の採算地域を中心に競争が進展し，NTT東西の自助努力だけでは，ユニバーサルサービスの提供を維持することが困難になり（AF），不採算地域においては，利用者の利便性を確保できないおそれが生じました（AV）」

　総務省［2019］によれば，日本の主な公益事業（放送，郵便，電力など）の

第1章　地域ニュースと地域情報の公共性　13

中で，不採算地域・サービスに関して明確な救済制度が整備されているのは，鉄道と電気通信だけである。その理由を総務省は「電気通信は他分野と比べて，全国レベルでの競争の進展により地域間格差が生じたという歴史的経緯に留意が必要」と説明している。それはまた，全国均一料金の実現期待が電気通信では大きいことを意味している。後述の欧州（EU）の電気通信のユニバーサルサービス制度と比較すると，EUでは「料金の手頃さ（AF）」により比重を置いており，全国均一料金の保証への言及は，社会的に特別なニーズを有する人々（障がい者，低所得者など）向けの特別料金プランなどに限られている。

　世界のメディアは自国内のみならず，グローバル規模でプラットフォーマーとの競争が進展している。また，それにより大都市圏以外の新聞や放送が疲弊するという地域間格差が生じているという点で，電気通信と類似性が高いと言えるのではないか。さらに，プラットフォーマーが潤沢な広告収入を基盤として，メディアに対する競争的サービスを格安で提供したり，ポータルサイトやニュースフィード上にメディア各社のニュースの要約やリンクを張るなどの慣行は日常的である。その結果，メディアは黒字部門からの内部相互補助により，自社サービス全体の料金の手頃さを実現することが難しくなっている点も，電気通信サービスのユニバーサルサービス問題と共通している。

3.2　欧州（EU）の電気通信のユニバーサルサービス

　欧州連合（EU）は2002年，電気通信[4]に関して汎EUレベルのユニバーサルサービス制度を整備し，「指令（Directive）」という形で法制化した。同指令は，2009年と2018年に全面改訂が行われたが，2009年指令で改訂された2002年指令（2002/2009指令）では，あるサービスをユニバーサルサービス義務の対象として追加すべきか否かを判定するために，**図表1－2**の2つの基準が明記された。表中の下線とカッコは例によって筆者の追記であるが，ここでも，E，AV，AFがキーポイントとなっている。

　日本以上にEUが重視しているのは，あるサービスが利用できないことによる「社会的な疎外性」である。そして，当該サービスが市場で提供されない場合には，公的介入（すなわち，ユニバーサルサービス規制などの導入）が許されるとしている。社会的疎外性とは，サービスの不可欠性（Essentiality）に

14　第Ⅰ部　地域メディアの新たな潮流

図表1－2　EUにおけるユニバーサルサービス範囲の見直しを行う際の基準

基準1	特定のサービスは，消費者の大多数が利用可能（AV）で，かつ，加入しているのか？　また，少数の消費者が，そのサービスを利用できず，加入もしていない場合に，彼らは社会的に疎外されるのか？（E）
基準2	特定のサービスの利用可能性や加入（AV）が，全ての消費者に一般的な純便益を与えるという理由（E）に基づき，通常の商業環境でそのサービスが提供されない場合（AF）には，公的介入が正当化されるのか？

出所：EU［2009］の別紙Ⅴ「PROCESS FOR REVIEWING THE SCOPE OF UNIVERSAL SERVICE IN ACCORDANCE WITH ARTICLE 15」。

起因する問題である。さらに，EUでは，そのようなサービスは，通常の商業的環境で入手可能なことが好ましいと明記しており，「Affordability」の大切さを訴えている。2018年12月に改訂されたユニバーサルサービス規則では，Affordabilityがより重視されている反面で，均一料金は地理的な居住場所の側面ではなく，社会的な弱者か否かという側面に対して向けられている。たとえユニバーサルサービスであっても，料金が手頃であれば，地域によって料金が異なることも容認しているのである。

3.3　日本の放送のユニバーサルサービスと地域情報

　再び日本に話を戻して，放送のユニバーサルサービス制度を参照することで，メディアの地域情報がユニバーサルサービスたり得るのかについて示唆を探ってみたい。総務省［2019］は，日本の公益事業のユニバーサルサービスを比較した資料において，放送に関しては「サービス提供義務」と「サービス提供条件（低廉な料金の確保）」が課されていると説明している。その対象は基幹放送事業者[5]であり，その中でも，NHKには全国的に受信可能な措置を講じるなどの追加的な義務が課されている。

　ただし，電気通信（NTT東西）とは異なり，放送では不採算な地域，サービスに対する制度的な措置は取られておらず，総務省は「地方局の経営基盤強化を検討中」としている。以上からうかがい知れるが，NHKに関しては，放送法で電気通信のユニバーサルサービスと共通する3構成要素（「E」，「AV」，「AF」）が明記されている。

　すなわち，日本の放送法の第三章（「日本放送協会」）（第一節，第十五条）

には，NHKに関して「（日本放送）協会は，<u>公共の福祉（E）のために，あまねく日本全国において受信（AV）</u>できるように豊かで，かつ，良い放送番組による国内基幹放送を行うとともに，放送及びその受信の進歩発達に必要な業務を行い，あわせて国際放送及び協会国際衛星放送を行うことを目的とする」と規定している。また，同章の第六節（第六十四条「受信契約及び受信料」）には，NHKの受信料は予算の国会承認により決定されることなど，間接的に料金の手頃さ（AF）の保証に関する規定が存在する。

　菅谷［2013］は，放送法に関して「Essentialityとは『日常生活に必需な情報』であり，NHKなどの基幹放送は，それをあまねく（availability），安価（affordable）に提供する必要がある」とした上で，「広告収入を主な収入源とする地上波放送では，無料でサービスが提供されているので 'affordable' の議論は無関係となり，'availability' とさらに何が『日常生活に必需な情報』かということが重要になる」と結んでいる。その主張を筆者なりの解釈でまとめたのが**図表1－3**である。

　ここで，従来型の番組表に沿って直線的（リニア）に放送されるサービスと，オンデマンドのリクエストにより断片的（ノンリニア）に視聴されるサービスは，ニュースの即時性などの面で違いがあるため，表中のE，AV，AFの充足性にも差が出ている。

　菅谷は前出の論文において，どの事業者が提供している，どのような具体的な情報が 'essentiality' の範囲に該当するのか画定する議論が望ましいとして

図表1－3　日本の放送種類別のユニバーサルサービス要素の充足性

放送の種類		不可欠性 (Essentiality)	利用可能性 (Availability)	料金の手頃さ (Affordability)
リニア放送 （番組表に沿った放送）	民間放送	△	△	無関係 （CMベース）
	公共放送 （NHK）	○	○	○（有料）
ノンリニア放送 （オンデマンド放送）	民間放送	△	△	△（有料配信あり）
	公共放送 （NHK）	△	△	△（有料配信あり）

出所：菅谷［2013］，放送法などをもとに筆者作成。

いる。メディアの中で，どの業種，どのサービス，どの機能，さらには，どのような提供形態（すなわちリニアかノンリニアかなど）が，公的支援や産業全体による赤字共有の対象となり得るかを考えるにあたり，政策立案者にとって市場画定は避けて通れない作業となるだろう。そして，市場画定においては，シェアの測定などで「全国一律」か「地域ごとか」という，地理的区分も大きなポイントであり，地域情報をユニバーサルサービスとして考えるかどうかを判断する大切な視点となる。

4 おわりに──地域情報と「公共財」，「価値財」，「ユニバーサルサービス」の概念

　本章では，まず，メディア産業全体を対象とする議論を説明した上で，「地域情報」が公共財，価値財，ユニバーサルサービスの対象となり得るのか否かを検証してきた。もし，仮に，プラットフォーマーに地域情報の制作，提供者たるメディアの赤字を共有する義務が生じるとすれば，両者のサービスが画定された同一市場の中で競争関係にあることが証明されなければならない。

　言い換えれば，地域情報をめぐって，プラットフォーマーとメディアのサービスが「補完的」ではなく「代替的」であることが条件となる。また，従来は地域情報の提供がメディア市場において内部相互補填されていた構図が，プラットフォーマーがメディアの黒字部門を狙い撃ち（クリームスキミング）する形で参入した結果，維持困難となった事実を提示しなければならない。

　Facebookは2019年1月，メディア全体ではなく，地域ジャーナリズムに対象を絞り込んで，総額3億ドルの支援を行うと発表した。同社は地域情報に焦点を置いた理由について，Facebook利用者からのニーズが高かったことや，広くメディアから聞いた声を反映した結果だと説明している。このニュースに対して，ワシントンポスト紙[6]は，信頼性の高い地域情報の発信は，フェイクニュースや国家の分断化を緩和する共有情報（common information）の基盤を構築する助けとなるが，それを失うことで，市民は知らないことを知る機会を永遠に逸してしまい，公的機関は最善の努力を怠り，汚職や税金値上げが横行するかもしれないと指摘する記事を書いた。その文脈から判断する限り，同

紙はFacebookの施策に対する直接的な評価を避けているものの，間接的には支持を暗示する内容となっている。

第4章で具体的事例を詳述するが，このFacebookの例が示すような協調の機運は，2015年頃からGoogleも含めてプラットフォーマー側に今までになく高まっている。支援する側（プラッドフォーマー）とされる側（メディア）の動機や意図が何であれ，関係者が真剣な議論を行う時期が到来しているのは間違いない。

《注》

1　カジェの配偶者は，大ベストセラーとなった「21世紀の資本」の著者である，トマ・ピケティ（Piketty, T.）である。

2　正式名称は「アルフレッド・ノーベル記念スウェーデン国立銀行経済学賞」であるが，ここでは俗称を使用した。

3　EUレベルでの発効は2018年12月だが，加盟各国における発効期限は2020年12月に設定されている（国内法規類への移植作業の猶予期間）。

4　EU法規類における正式な呼称は「電子通信（Electronic communications）」であるが，本章では世界的に一般的な「電気通信（Telecommunications）」を使用する。

5　総務省の「電波利用ホームページ」によれば，本章執筆時点（2019年8月）における基幹放送事業者の数は566社である。

6　同紙のオーナーは，2013年以降，AmazonのCEOであるベゾス（Bezos, J.）である。

《参考文献》

Ali, C. [2016] The Merits of Merit Goods: Local Journalism and Public Policy in a Time of Austerity, *Journal of Information Policy*, Vol. 6（2016），pp. 105-128.

Dagiral, E., Parasie, S. [2013] Data-driven journalism and the public good: "Computer-assisted-reporters" and "programmer-journalists" in Chicago., *New media & society* (2013), 15（6），pp. 853-871.

EU [2009] *DIRECTIVE 2009/140/EC OF THE EUROPEAN PARLIAMENT AND OF THE COUNCIL of 25 November 2009*, European Union.

NiemanLab [2016] News is a Public Good, *Nieman Reports*, 7 April 2016.

Stiglitz, J. [2002] Transparency in government, *The Right to Tell-The Role of Mass Media in Economic Development*, The World Bank, 2002, pp. 27-44.

菅谷実 [2013]「ポスト・メディア融合時代の情報通信市場―「政府・企業関係に焦点をあてて」―」，『メディア・コミュニケーション No.63（2013）』，慶應義塾大学メディア・コミュニケーション研究所，19-32頁。

総務省［2019］「諸外国のユニバーサルサービス制度の動向等」，情報通信審議会，電気通信事業政策部会「電気通信事業分野における競争ルール等の包括的検証に関する特別委員会（第 4 回）配布資料・議事録―資料 4 － 1」。

古田精司［1987］「価値財と非価値財の政治経済学，CGS 課 税と公益法 人非課税の問題」，『公共選択の研究』第 9 号，公共選択研究会，10-15 頁。

第2章

カナダのオンライン地域メディア
―地域ニュースの貧困への取り組み

米谷　南海

1　はじめに

　世界で2番目に大きな国土に3,660万人の人口を抱えるカナダは、2017年7月1日に建国150周年を迎えた若い国であり、その歴史は先住民と多くの移住者もしくはその子孫によって紡がれてきた（NHK放送文化研究所［2018］、265頁）。同国は1971年に世界で初めて「多文化主義政策（multicultural policy）」を導入するなど、多様な民族が独自の文化や伝統を保持することを奨励してきたことで広く知られているが、近年では「地域ニュースの貧困（local news poverty)」という新しい社会的課題が発見され、その対応が急がれている。

　本章では、カナダにおける地域メディアの現況やメディア産業全体が抱えている構造的課題について概観した後、地域ニュースの貧困に対する取り組みとしてオンタリオ州ハミルトン市の事例を紹介する。同市ではオープン・プラットフォーム機能を有するオンライン地域メディアが創設され、新しいムーブメントとして注目を集めているが、このような新しい地域メディアにはどのような特徴や課題があるのだろうか。具体的なサービス内容を取り上げながら考察していく。

2　メディア産業の現状

　電気通信分野における技術進歩やメディア環境の変化に伴い、カナダにおける地域情報源は多様化している。地域住民がソーシャルメディア上で情報提供

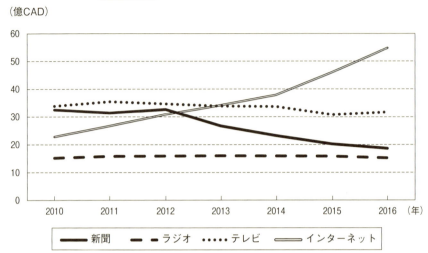

図表2－1　広告収入費の推移（メディア別）

出所：CRTC［2018］をもとに筆者作成。

を行ったり，地方政府がウェブサイト上で情報を発信したりするなど，地域におけるさまざまなアクターが言論や表現の機会を手にしたためである。

そんななか，読者や視聴者，広告収入をインターネットに奪われている新聞，テレビ，ラジオといった既存メディアは，事業や組織を再編することでそのような市場危機を乗り切ろうとしている（**図表2－1**）。既存メディアの事業変化が地域社会に与える影響について検討すべく，本節では，カナダ各州における既存メディアの数や関連規制政策に焦点を当てながら，地域メディアとしての新聞，テレビ，ラジオの現状を概観する。

2.1　新　聞

2019年2月現在，カナダには90紙の日刊紙と1,083紙のコミュニティ紙が存在している（News Media Canada［2019（a）］，［2019（b）］）。新聞の発行部数は長期減少傾向にあり[1]，見通しの明るい産業とは言い難い状況にあるが，ここでは地域メディアとしての役割をより色濃く有しているコミュニティ紙の現状について詳しくみていきたい。

図表 2-2　コミュニティ紙の数と閲読率（州別・2017年）

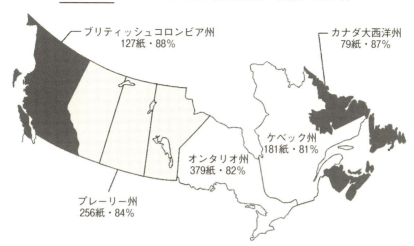

注：ノースウエスト準州，ユーコン準州，ヌナブト準州は調査対象外。
出所：News Media Canada [2017] をもとに筆者作成。

　コミュニティ紙の閲読率は2017年時点で83％に上り，そのうち85％以上が「地域情報を入手するため」にコミュニティ紙を閲読している（News Media Canada [2017]）。コミュニティ紙が地域情報源として高く評価されていることがうかがえるが，ここで注目すべきなのは，コミュニティ紙の数と閲読率に地域差が存在するということである（**図表 2-2**）。

　人口と経済規模においてカナダ最大の州であり，同国の英語情報のハブとして機能しているオンタリオ州と，同州に次いで人口が多く，仏語情報のハブとして機能しているケベック州では，発行されているコミュニティ紙の数は多いものの，その閲読率は比較的低い数値にとどまっている。反対に，両州から最も離れた場所に位置するブリティッシュコロンビア州と，カナダ東部に位置し，最も人口の少ないカナダ大西洋州[2]では，コミュニティ紙の数が少ないにもかかわらず，その閲読率は高い。また，カナダ中部に位置し，人口の増加が著しいプレーリー州[3]では，上記の4つの州の中間値を記録した。

　このように，コミュニティ紙は需要の高い地域よりも低い地域において，より多く発行される傾向にある。無論，その背景には都市部で事業を展開した方

が経営採算性を確保しやすいという事情があると推察されるが，地域情報に対する需要と実際に提供されている地域情報量にはアンバランスさが生じている。

2.2　ラジオ

　カナダではラジオ聴取の習慣が根付いており，国民の1週間当たりの平均聴取時間は日本の約4倍に上る14.5時間となっている[4]。ラジオ放送局は2016年現在，1,112局存在しており，最も数が多いのは商業放送局で，全体の65.3％を占める（CRTC［2017］, p. 113）。次点にコミュニティ放送局（11.7％）が付き，その後は公共放送事業者であるカナダ放送協会（Canadian Broadcasting Corporation：CBC）が運営する公共放送局（8.3％），先住民向け放送局（4.6％），宗教放送局（4.5％），キャンパス放送局（4.2％），その他（1.4％）と続く。

　このうち一定量の地域情報を定期的に提供しているのは公共放送局とコミュニティ放送局であるが，商業放送局であっても地域犯罪や交通，天気等，超地域密着型（hyper-local orientation）情報を提供することが少なくないため，ラジオ放送はコミュニティ紙に代替しうる貴重な地域情報源として認識されている。

　ただし，これらのラジオ放送局数を州別に整理してみると，オンタリオ州とケベック州にラジオ放送局が集中し，地域情報が不十分な地方部ではラジオ放送局数が少ないという，コミュニティ紙と同様の現象が起こっていることがわかる（**図表2－3**）。

図表2－3　公共放送／コミュニティ放送局と商業放送局の数（州別・2016年）

	公共放送局とコミュニティ放送局の合計数	商業放送局数	左記ラジオ放送局の合計数
オンタリオ州	67局	228局	295局
ケベック州	69局	109局	178局
プレーリー州	33局	188局	221局
ブリティッシュコロンビア州	37局	111局	148局
カナダ大西洋州	54局	84局	138局
3準州	9局	5局	14局
全国	269局	725局	994局

出所：CRTC［2017］, p.114をもとに筆者作成。

2.3　テレビ

　テレビ放送産業は，地上テレビ放送事業，裁量的テレビ放送事業（discretionary television service[5]）およびオンデマンドテレビ放送事業，有料テレビ放送事業[6]の3つの事業から構成される。

　2016年現在，地上テレビ放送局には商業放送局が93局，CBCが所有・運営する公共放送局が27局，非商業宗教放送局が2局，教育放送局が7局ある（CRTC［2017］，p.154）。公共・商業放送局には免許付与条件として地域番組，すなわち当該放送局のサービスエリアの関心事項について取り上げた番組を一定時間以上放送するという義務が課されているほか[7]，地域番組の一部を地域ニュースとすることや，前年度収入の一部を地域ニュースの制作・放送費に割り当てることも義務付けられている[8]。

　しかしながら，インターネットに広告収入や視聴者を奪われ，経営状況が悪化している商業放送局の間では，地域ニュースの放送時間を削減することで経費削減を目指す動きが広がっている（Houpt［2015］，CHCH［2015］，Friend［2015］，Jackson［2017］）。カナダ民族遺産省（Canadian Heritage）常設委員会が2016年に発表した報告書によれば，2011年から2015年までの5年間で，地域ニュースの制作にかかる費用が500万CAD増加したのに対し，それによって生み出される収益は2,800万CAD減少した。地域ニュースからはその制作費を賄えるだけの収入が得られないため，商業放送局にとって地域ニュースを制作する経済的インセンティブは年々減少し続けている（**図表2－4**）。

　一方，有料テレビ放送事業では，加入料収入の一部をコミュニティチャンネ

図表2－4　地域ニュースの制作費と収入費の推移

	制作費	収入費
2011〜2012年	3億4,300万CAD	2億9,440万CAD
2012〜2013年	3億4,000万CAD	2億9,740万CAD
2013〜2014年	3億4,500万CAD	2億7,160万CAD
2014〜2015年	3億4,800万CAD	2億6,640万CAD
4年間での増減	500万CAD増	2,800万CAD減

出所：Fry［2016］，p.26をもとに筆者作成。

ルに割り当てることがケーブルテレビ事業者の免許付与条件の1つとして課されている[9]。コミュニティチャンネルではパブリックアクセスや地域性を反映したコミュニティ番組を提供することが求められており，一般的にはパブリックアクセス番組，市議会中継，トーク番組，スポーツ番組等が放送されている。ただし，主要ケーブルテレビ事業者を傘下に持つ大手通信事業者が事業や組織を再編する中で，相次いでコミュニティチャンネルを閉鎖したため，コミュニティチャンネルをめぐる状況は徐々に変化しつつある。

たとえば，ロジャーズ・コミュニケーションズ（Rogers Communications，以下ロジャーズ）は国内で最も人口の多いグレーター・トロント・エリアのコミュニティチャンネルを縮小したほか，4つの地域でコミュニティチャンネルを閉鎖した。ショウ・コミュニケーションズ（Shaw Communications，以下ショウ）もバンクーバー，カルガリー，エドモンドにおけるコミュニティチャンネルを閉鎖し，ビデオトロン（Vidéotron）やベル・カナダ・エンタープライズ（Bell Canada Enterprises：BCE）も同様の経営判断を下している。2016年時点で160以上存在していたコミュニティチャンネルは，主要市場でその姿を消し始めている（Fry［2017］，p. 28）。

3 地域メディアをめぐる新しい課題

既存メディアが事業や組織の再編を通して地域メディアとしての役割を希薄化させていることは前節で述べた通りであるが，本節ではその背景にあるメディア産業構造上の課題，すなわち米国OTT-Vサービスの普及拡大とメディア集中（media concentration）について論じる。さらに，それらの課題が引き起こした新しい社会的課題として地域ニュースの貧困について取り上げ，その社会的影響についても考察する。

3.1 米国OTT-Vサービスの普及拡大

米国と国境を接し，同じ英語圏であるカナダは，米国製コンテンツにとって参入障壁の低い市場である。これまでは主にラジオ・テレビ放送や映画を媒体としてカナダに流入してきていた米国製コンテンツだが，近年では米国発の

OTT-Vサービスを介した流入も増加している。特に，世界最大のOTT-V事業者であるネットフリックス（Netflix）は，2010年に最初の海外市場としてカナダでのサービス提供を開始した後，2017年末には加入世帯数約690万を達成した（CMCRP［2019］，p. 56）。これは同国総世帯の55.6％に上る。

　ただし，現行法制度上では米国OTT-V事業者と国内放送事業者との間に規制の非対称性が存在しており，これがカナダの放送システムに対する脅威となることが懸念されている。

　第1の非対称性はコンテンツ規制において存在する。「1991年放送法（Broadcasting Act of 1991）」は，米国から大量に流入してくる放送番組から自国の放送市場と文化を保護するために，国内放送事業者に対して一定量のカナディアン・コンテンツ（地域番組を含む）を放送することを義務付けている[10]。

　しかしながら，「1991年放送法」における定義に照らし合わせるとOTT-Vサービスの提供は必ずしも放送事業に該当しないため[11]，OTT-V事業者はカナディアン・コンテンツ規制の対象外となっている。そのため，ネットフリックス等の普及に伴って米国製コンテンツの流通量が増大し，カナダの文化的主権（cultural sovereignty）が脅かされるのではないかと危惧する声がカナダ国内で高まっている。

　第2の非対称性は米国OTT-V事業者が課税対象から除外されているというものである。カナダ国内で商品やサービスを提供する法人のほとんどは，連邦付加価値税（Goods and Services Tax：GST）や統一売上税（Harmonized Sales Tax：HST）を徴収されるほか，法人所得税を支払わなければならないが，同国内に拠点を持たない米国OTT-V事業者はこれらの課税が免除される（Canada Revenue Agency［2005］）。

　このような競争優位な環境下でネットフリックスは2017年，カナダにおいて8億2,060万CADの推定収益を上げた（CMCRP［2019］，p. 56）。これはテレビ放送産業の全体収益の10.2％にあたる額で，事業規模では，国内放送事業者各社のそれを追い越しつつある。米国OTT-Vサービスが国内放送事業を圧迫していることは明らかであり，競争対抗戦略を打ち立てることが国内放送事業者の焦眉の課題となっている。

3.2 深刻化するメディア集中問題

世界の多くの国では情報の多様性や地域性の確保，競争の維持といった目的からメディア所有規制を設けているが，カナダには長らくメディア所有規制に関する明確な法制度や規則がなく，独立規制機関であるカナダ・ラジオテレビ通 信 委 員 会（Canadian Radio-television and Telecommunications Commission：CRTC）が「1991年放送法」に準ずる指令（directive）によってケース・バイ・ケースで判断を下してきた。

メディア企業の統合が進んだことで，CRTCは2008年1月にようやくメディア所有規制を強化し，1社が1つの市場で同時に所有できるのは，テレビ放送局，ラジオ放送局，新聞社のうち最大2つまでとしたほか，1社で英語圏あるいは仏語圏における視聴者占有率が45％を超えることも禁じた。しかし，そのような規制政策が実施されたにもかかわらず，カナダにおけるメディア集中の問題は未だ解決されていないばかりか，深刻化の一途をたどっている。

その背景には，経営難や経営不安定性に苦しむ既存メディア事業者の多くが規模の経済性を追求することで市場での生き残りを図っていることがある。しかし，メディア集中によってもたらされる市場競争の喪失によって，報道内容の偏りやメディア事業者と利害関係者との癒着が生じているほか，報道の速報性が損なわれたり，地域性を反映した十分な調査報道が行われなくなったりしているなど，これまで提供されてきた言論の多様性やジャーナリズム機能には暗い影が差し始めている。

たとえば，新聞産業においては，最大手ポストメディア・ネットワーク（Postmedia Network，以下ポストメディア）と2番手のトルスター・コーポレーション（Torstar Corporation，以下トルスター）が買収や合併を繰り返しながら市場シェアを拡大し続けているが，両社が2017年11月に締結したコミュニティ紙の交換契約は大きく世間を揺るがした（Postmedia［2017］）。オンタリオ州におけるポストメディア傘下のコミュニティ紙15紙および無料情報紙2紙と，トルスター傘下のコミュニティ紙22紙および無料情報紙2紙が交換されたことで，同州がポストメディアの独占する地区とトルスターの独占する地区とに2分され，非競争的な市場へと再編されたためである。さらに，交換

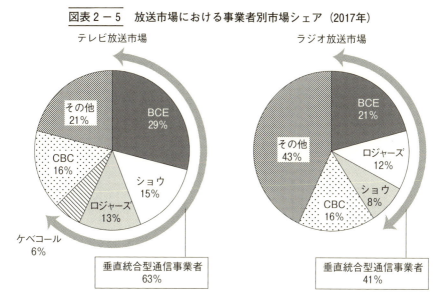

図表2－5　放送市場における事業者別市場シェア（2017年）

出所：CMCRP［2019］をもとに筆者作成。

された41紙のうち37紙は直ちに廃刊されてしまい，カナダ史上最大規模でのコミュニティ紙閉鎖となった。大手新聞社によるこのような市場戦略は全国各地で実施されている[12]。

　また，放送産業においては，垂直統合型通信事業者（vertically-integrated telecoms），すなわち子会社や関連会社を通して，固定通信事業，移動体通信事業，放送事業，インターネット広告事業，ソーシャルメディア事業といった「ネットワークメディア事業」を展開する大手通信事業者が，公共放送CBCを除く主要放送事業者の大部分を所有・運営している（図表2－5）。垂直統合型通信事業者による寡占が特に著しいのはテレビ放送市場で，地上テレビ放送では，6つの全国ネットワークチャンネルのうちCBCが運営する2チャンネル以外はすべて垂直統合型通信事業者の子会社が運営している。さらに，主な有料テレビ放送事業者はいずれも垂直統合型通信事業者の傘下にある。

　広告収入の維持・拡大を目指す垂直統合型通信事業者傘下のテレビ放送局は，米国製テレビ番組を積極的に輸入・放送する傾向にある。予算を潤沢に使った米国製テレビ番組はカナダで人気を博しており，高視聴率を獲得するための有

力コンテンツとなっている。無論，免許付与条件に基づき一定量の地域番組は制作されているが，制作コストに比してそれほど高い視聴率が望めないため，制度上の抜け道を作る放送局も少なくない。たとえば，クロマキースタジオ[13]で撮影したニュース番組に各地の風景を合成し，それを地域ニュース番組として放送する等，手数を省いた番組制作が行われており，放送免許条件が一部形骸化している状況が存在している。

3.3 「地域ニュースの貧困（local news poverty）」の発見

米国OTT-V事業者との市場競争を背景要因の1つとしながら，垂直統合通信事業者や大手メディアグループが収益性の低い地域メディア事業を縮小・閉鎖し始めたことで，近年，カナダにおける大きな社会問題として認識されているのが「地域ニュースの貧困」である。これはライアソン大学ジャーナリズム学科が中心となって2007年に立ち上げた地域ニュース研究プロジェクト（Local News Research Project）が提唱した概念で，地域住民が日常生活を送る上で不可欠な，タイムリーで十分に検証された地域ニュースにアクセスできないまたはアクセスが限定されている状況のことをいう（Lindgren *et al.* [2017]）。

地域ニュース研究プロジェクトは，地域ニュースの貧困がどの程度進展しているのかを把握するため，カナダ全土における地域メディア（新聞・テレビ・ラジオ・オンラインサイト）の動向を可視化する「地域ニュース・マップ（Local News Map）」をブリティッシュコロンビア大学と共同開発した。それによれば，同マップが対象とする497の地域メディアのうち，2008年から2019年2月までの間に閉鎖された地域メディアは269に達し，194の地域がその影響を受けた。その内訳は，コミュニティ紙（195），日刊紙（36），ラジオ放送局（15），オンラインサイト（13），テレビ放送局（10）で，その大部分が垂直統合型通信事業者や大手メディアグループの傘下にあった。

もちろん新しい地域メディアが誕生していないわけではない。同期間で78の地域において計105の地域メディアが立ち上がっており，特にオンラインサイトがその存在感を高めている。具体的には，新設された地域メディアのうち47がオンラインサイトの形態をとっており，その後にコミュニティ紙（40），ラジオ放送局（9），テレビ放送局（8），日刊紙（1）が続く。また，それらの

図表 2 − 6　地域メディアの動向（2008年〜2019年 2 月）

	閉鎖（於194地域）	創設（於78地域）
コミュニティ紙	195	40
日刊紙	36	1
ラジオ放送局	15	9
テレビ放送局	10	8
オンラインサイト	13	47
合計	269	105

出所：Local News Research Project and SpICE Lab［2019］をもとに筆者作成。

44.7％が独立系メディア事業者によって所有・運営されていることも注目すべきであろう。垂直統合型通信事業者や大手メディアグループ以外の勢力が地域メディアとしての役割を担おうとする動きが目立ち始めている。

　しかしながら，地域メディアが閉鎖するスピードは新しい地域メディアが誕生するそれを凌駕しており，地域情報源が減少傾向にあること，地域ニュースの貧困が進行していることに変わりはない（**図表 2 − 6**）。

　地域ニュースの貧困が地域社会にもたらす弊害としては以下の 3 つがあると考えられる。第 1 に，権力監視機能が低下する。地方政府は道路補修や地方公共施設への投資額，廃棄物回収の頻度等，地域住民の生活に直接関係する問題について決定を下すが，地域メディアはその決定内容を地域住民に知らせ，その決定が適切な判断に基づいてなされたものかを精査するとともに，問題があると考えられる場合には異議を申し立てる役割を担ってきた。

　しかし，地域ニュースの貧困は行政に対する監視体制の崩壊を意味しており，地域住民が地方政府の意思決定について知る機会を大幅に制限してしまう。地域の共通的課題を解決するために必要な基本的情報が得られないことで，地域レベルでの民主主義が抑制されることが懸念される。

　第 2 の弊害は，地域における集合的知識・経験の喪失である。地域メディアは地域ニュースを通して，意見や立場を異にする人など，普段出会うことの少ない人々の多様な声について知る機会を提供し，それによって地域住民間の集合的知識・経験を生み出すことにも貢献している。このような機会が失われてしまった場合，地域アイデンティティの醸成や地域コミュニティの活性化には，

負の効果がもたらされるだろう。

第3の弊害は，フェイクニュース耐性の弱体化である。質の高い地域ジャーナリズムは，人々が地域の課題について議論するために必要な，正確な情報や分析を提供する。しかし，地域ニュースの貧困が進展し信頼のおける地域情報源が失われると，人々の入手できる情報の質は全体的に低下するため，悪質なフェイクニュースに翻弄される可能性も高まる。また，地域に根差した取材活動を行う地域メディアを失うということは，地域に関連するフェイクニュースが拡散された際にファクトチェックを行って真偽を検証する「防波堤」を失うことも意味している。

4 オンタリオ州ハミルトン市における取り組み

カナダで最も地域ニュースの貧困が深刻な都市として有名なのが，オンタリオ州ハミルトン市である[14]。首都トロントからわずか61kmの場所に位置する同市では，地上放送用周波数に空きがないためラジオ放送局や地上テレビ放送局を持つことができず，地域メディアの数が限定されてきた。しかし，2010年代に入ってからはオープン・プラットフォームとしての機能を有するいくつかのオンライン地域メディアが創設され，新しいムーブメントとして注目を集めている。本節では，ハミルトン市における既存メディアの現況を概観した後，代表的なオンライン地域メディアの取り組みを紹介し，その特徴を整理する。

4.1 地域ニュースの最貧困地域としてのハミルトン市

ハミルトン市における既存メディアの現況をみてみると，2019年2月現在，日刊紙2紙，主なコミュニティ紙1紙，ラジオ放送局8局，地上テレビ放送局1局が存在する。ただし，日刊紙とコミュニティ紙はすべてトルスター傘下にあり，ラジオ放送局の大部分は垂直統合型通信事業者やメディアグループに所属している（Canadian Communications Foundation [n.d.]）。

地上テレビ放送局は独立系商業事業者が運営しているが，2015年12月に同局の地域ニュース制作部門が破産申請をしたため，150名以上の職員が解雇されたほか，地域ニュース番組の打ち切りや放送時間の削減が実施された（Paddon

[2015])。同局は地域ニュース番組を週80時間放送していたが，今後はこれを17.5時間にまで減らしていく方針を明らかにしている。公共放送CBCによる地域番組のラジオ・テレビ放送は実施されていない。

なお，ハミルトン市と同規模の都市であるマニトバ州ウィニペグ市には[15]，日刊紙が2紙，コミュニティ紙が6紙，ラジオ放送局が24局，地上テレビ放送局が6局存在する（Canadian Communications Foundation [n.d.]）。そのうち日刊紙1紙がポストメディア，日刊紙1紙およびコミュニティ紙すべてがFPカナディアン・ニュースペーパー（FP Canadian Newspapers），放送局の約半数が垂直統合型通信事業者にそれぞれ属してるものの，CBCがラジオとテレビの両方で地域番組を放送している。

ウィニペグ市の地域メディア数がハミルトン市のそれを大きく上回っていることは明らかであり，ハミルトン市が地域メディアという面においていかに恵まれていないかがわかる。

4.2　オンライン地域メディアの台頭

ハミルトン市が地域ニュースの貧困という状況にただ手を拱いているだけかというと，そうではなく，2000年代半ば頃からは放送系地域メディアの数を増加させるための市民運動やロビー活動が繰り広げられてきた。結局，トロントとの距離が近すぎるため地上放送局を持つという目標が達成されることはなかったが，その代わりとでもいうように2010年代に入ってからは地域情報の提供に特化したいくつかのオンラインサイトが開設された。ここでは代表的なオンラインサイトとして「CBCハミルトン（CBC Hamilton）」，「ハミルトン・レポーター（Hamilton Reporter）」，「パブリック・レコード（Public Records）」の3つを取り上げ，その取り組みを紹介する。

4.2.1　CBCハミルトン

ハミルトン市は長らく公共放送CBCのローカル局が設置されていないカナダ最大の都市であったが，2012年5月にようやくCBCハミルトン局が開局した。しかし，すでに述べたように地上放送の実施は認められなかったためオンラインサービスである「CBCハミルトン」のみを提供する運びとなった。CBCハ

ミルトン局は，カナダ初のオンライン専門CBCローカル局として知られており，公共放送局と地域コミュニティとの連携を重視する「公共・コミュニティ・パートナーシップ（Public Community Partnership）」モデルを掲げ，他のCBCローカル局では実施されていない独自のオンライン地域サービスを提供してきた。

　たとえば，開局当初には，CBCハミルトン局の公式ウェブサイト上部に複数色のピンが刺さったマップが表示され，CBCハミルトン局が制作した地域ニュース（赤色），交通情報（青色），地域の主要機関やブロガーが発信した情報（橙色），地域経済や地元企業に関する情報（紫色），イベント情報（緑色）等，CBCハミルトン局と地域コミュニティの両方によって制作されたさまざまなコンテンツが色分けされて提供された。また2013年からは，「ハミルトン写真マップ（Hamilton Photo Map）」というプロジェクトも実施された。これはハッシュタグを付してツイッター（Twitter）に投稿された写真とツイートをマッピングし，ハミルトン市の現在をバーチャル化しようという試みである。

　しかしながら，これらのサービスはすでに打ち切られており，2019年2月現在，CBCハミルトンにアクセスすると他のCBCローカル局と同じウェブデザインで地域情報が提供されている。オンライン専門CBCローカル局の事業モデルは未だ確立した段階にはなく，公共・コミュニティ・パートナーシップのあり方についても模索が続いているといえる。

4.2.2　ハミルトン・レポーター

　ハミルトン市民に向けて地域情報を無料かつリアルタイムに提供することを使命に掲げ，2012年に創設された「ハミルトン・レポーター」は，ケニアのスタートアップ企業Ushahidiが提供するクラウドマップ・プラットフォームを活用したオンライン地域メディアで，地域情報を時系列や地理的条件に基づいて整理し，アーカイブ化する[16]。

　マップに表示される地域情報には，既存メディアによる地域ニュース，地元組織の公式発表，市民からの投稿記事の3種類がある。市民による投稿記事の内容は，イベント情報，ボランティア募集，落し物情報，事件・事故の目撃情報，火事や洪水等の緊急情報，落書きや騒音に対する苦情，地域における課題

の共有や意見の表明等，多岐にわたる。その他，指定した地域に関連する情報が更新された際に電子メールでお知らせが届くプッシュ通知機能も搭載されている。

ただし，2019年2月現在，マップ上に表示されている情報の大部分はCBCハミルトンから転載されたもので，市民による投稿はほとんど行われていない。

4.2.3　パブリック・レコード

カナダ初のクラウドファンディングによるオンライン地域メディアとして2014年に創設された「パブリック・レコード」の意義は，創設者であるジャーナリストのジョーイ・コールマン氏によれば，「公共サービス・ジャーナリズム（public service journalism）」を提供している点にある。

公共サービス・ジャーナリズムについてはさまざまな定義が存在するが，一般的には，行政や医療，教育，環境といった社会システム上の課題に関する議論を深めたり，議論の枠組みを形成したりすることを目的としたジャーナリズムを指す（Ferrucci［2017］）。市民が課題に対する理解を深め，合理的で民主的な決定を下すことができるよう，インタビューや対話，引用，情報源のオンラインリンク表示を積極的に行うことも特徴の1つだ。

パブリック・レコードの公共サービス・ジャーナリズムを支える柱としては以下の3つがある。第1に，公共分野に関する報道への特化がある。パブリック・レコードに掲載される記事は，市議会や裁判所，図書館，警察署に関する「市庁舎ニュース（City Hall News）」，市道や橋梁の新設および管理といった都市計画に関する「計画と発展（Planning & Developments）」，社説や調査報道記事を意味する「意見と分析（Opinion & Analysis）」の3つのグループに分類されているが，いずれもハミルトン市における行政や公共的課題について取り上げたもので，報道対象は限定されている。

これは，少人数体制での報道を可能にするだけでなく，「より優れたシビック・ガバメント（civic government）[17]を実現するために地域情報を提供する」というパブリック・レコードの姿勢を明確に打ち出しているため，クラウドファンディングの支援者獲得にもつながっている。

第2の柱は，情報のオープン性と透明性の確保である。これは公共サービ

34 第Ⅰ部 地域メディアの新たな潮流

ス・ジャーナリズムを実現するための重要な要素の1つであるが，パブリック・レコードの場合は，記事やレポートに情報源をオンラインリンク付きで明記するほか，市議会議員の会議出席率および議題への投票履歴を記録したデータセットや，市議会会議の録画動画を公開するなど，オープンデータ・リポジトリの提供にも積極的に取り組んでいる。これにより，読者が自ら情報源にアクセスしたり，パブリック・レコードの記事を検証したりすることが可能になる。

　第3の柱は，クラウドファンディングによる独立・中立性の担保である。広告収入を主な財源とする商業メディアでは，しばしば公共的価値の追求よりも私的利益の追求に重きが置かれ，提供されるニュースが人目を惹くようなセンセーショナルなものに偏ることがある。それに対し，パブリック・レコードは，月額寄付型のクラウドファンディングによって資金を調達している。支援者は月額11.30CAD，20 CAD，25 CAD，もしくは50 CADの寄付を行うことができ，ハミルトン市外に居住している者や学生の場合，月額5 CADドルからの寄付も可能である。

　このような読者からの直接的支援は，パブリック・レコードがクリック数やページビュー数に翻弄されることなく，地域コミュニティにとって真に重要だと考えられるテーマについて調査報道を行うための土台となっている。なお，パブリック・レコードの中立性を守るため，支援者は記事や社説を管理できないことが規定として明記されている。

4.3　オープン・プラットフォームとしてのオンライン地域メディア

　既存メディア事業が頭打ちとなっていることを受け，新聞社や放送事業者らはこぞってオンライン化への取り組みを進めている。自社コンテンツを従来の新聞紙や放送に加え，オンラインサイトやソーシャルメディアで提供することは，もはや当たり前のサービス提供方法となっているといっても過言ではない。

　しかし，CBCハミルトン，ハミルトン・レポーター，パブリック・レコードのコンセプトや取り組みが既存メディアの提供するオンラインサービスと一線を画していることは明らかである。これらの新しいオンライン地域メディアは一方向での地域情報の提供を行うだけでなく，クラウドマップ・プラットフォームを活用したり，オープンデータを提供したりして，多様な人々が地域

づくりに関わるためのオープン・プラットフォーム機能も提供しているからだ。

「地域において重視されるのは，地域メディアが日々の出来事を伝えるだけでなく，市民社会構築にいかに寄与できるかだ（深澤［2015］，165頁）」。とすれば，上述したようなオープン・プラットフォーム機能は，地域メディアが備えるべき機能の1つなのではないか。各地域のニーズによって実際に提供されるオープン・プラットフォーム・サービスの内容は異なると考えられるが，地域住民の価値観の多様化が進むなかで，地域における問題意識と意見を共有する場や，課題解決に向けた判断を下すための材料を広く公開することは，地域民主主義の実現や強化にとって必須の要素であり，そうした役割を担うことは地域メディアの存在価値を高めることにも繋がると考えられる。

もちろん，オープン・プラットフォーム機能を有するオンライン地域メディアが創設されたからといって，それが必ずしも継続的な事業として成功するわけではない。そのことはハミルトン・レポーターの事例からも明らかであるし，近年米国での活躍が目立ち始めている非営利ニュースメディアの多くが寄付金や支援金を比較的得やすい大規模な組織であることからもわかる（竹村［2011］，88頁）。営利・非営利にかかわらず，規模の小さな地域メディアにとって安定的な資金供給を確保することは容易なことではない。

しかし，その点において，地域メディアの持続可能性を広げる方法として注目されるのがクラウドファンディングである。もちろんパブリック・レコードのように明確なコンセプトを打ち出し，支援者を募る努力をすることは不可欠であるが，地域住民による地域メディアの直接的支援を容易にするクラウドファンディングは，オープン・プラットフォーム機能とも親和性が高く，安定的な財源確保を実現する新しい資金調達方法として期待される。

5 おわりに

コンテンツ大国である米国と国境を接するという地理的特徴やメディア集中が深刻化しているという産業構造的特徴を有するカナダは，地域ニュースの貧困という新しい社会的課題に直面している。米国OTT-V事業者をはじめとする競合者の圧力にさらされた既存メディアの多くは地域メディア機能を希薄化

させているが，そんななか，地域ニュースの貧困に熱心に取り組むオンライン
メディアも登場している。

その代表的な存在として注目されるのが，本章で取り上げたオンタリオ州ハ
ミルトン市におけるオンライン地域メディアだ。既存メディアにはなかった
オープン・プラットフォーム機能を有していることが特徴で，地域民主主義の
強化に貢献することが期待されている。また，小規模な組織が多いため安定的
な財源確保は容易ではないが，クラウドファンディングという新しい資金調達
方法によって事業の持続可能性が拡大するとも考えられている。

ただし，オンライン地域メディアには，財政的課題のほかにもう1つ課題が
あるようにも思われる。すなわち，マルチスキル人材の育成である。オンライ
ンメディア上のコンテンツ形式はテキストや動画，音声など，多岐にわたるこ
とが予想されるため，人員・組織が小規模な傾向にあるオンライン地域メディ
アでは，職員1人が複数の役割を担いながらマルチメディア・ストーリーテリ
ング（multimedia storytelling）を実現する必要が出てくる。

財源縮小を背景に人員削減を繰り返している公共放送CBCも，2014年に発
表した5か年計画「Strategy 2020：A Space for Us All」においてオンライン
サービスを重視する方針を明らかにし，職員に対して，MoJoキットを用いて
の取材[18]，オンライン記事の執筆，動画の撮影・編集，ソーシャルメディアへ
の展開等，多くのスキルを習得することを求めた（CBC［2014］，藍澤・米谷
［2018］）。

CBCは全国規模のミーティングを定期的に開催するほか，フェイス・トゥ・
フェイスとオンラインの両方でトレーニングプログラムを提供しているが，
CBCのような全国組織ではないオンライン地域メディアはどのようにしてマ
ルチスキル人材を育成していくべきなのだろうか。電気通信分野における技術
進歩の恩恵を受けながら地域メディアの新しい形が模索されているが，解決す
べき問題も残されている。

《注》

1 Public Policy Forum［2017］によれば，100世帯当たりの新聞販売部数は1950年（102部），1975年（79部），1995年（49部），2015年（18部）と下降を続けており，2025年（2部）にまで減少することが予測されている。ただし，これらのデータはあくまでも新聞紙の販売部数を指したものであり，デジタル版販売数は含まれていないので留意されたい。News Media Canada［2018］によれば，新聞購読者の閲読時の利用媒体は，2018年2月時点でスマートフォン（64%），紙（58%），パソコン（58%），タブレット（53%）だった。

2 カナダ大西洋州は，ニューブランズウィック州，プリンスエドワードアイランド州，ノバ・スコシア州，ニューファンドランド・ラブラドール州の総称である。

3 プレーリー州は，アルバータ州・サスカチュワン州・マニトバ州の総称である。Campion-Smith［2017］によれば，2011年から2016年まで人口増加率は，アルバータ州が11.6%，サスカチュワン州が6.3%，マニトバ州が5.8%で，いずれも全国平均の5%を上回った。この背景には，同州の天然資源発掘による経済成長や積極的な移民受け入れ政策があると考えられている。

4 カナダ国民の1週間当たりの平均ラジオ聴取時間は，CRTC［2017］の2016年時点の数値を引用した。一方，日本国民のそれは，塚本他［2017］で発表された2017年時点での1日当たりの平均ラジオ聴取時間を7倍して算出したものである。

5 地上テレビ放送では放送されない，有料テレビ放送事業者によって任意で放送される専門チャンネルを指す。具体例としては，ペイパービュー放送等がある。

6 ケーブルテレビ事業，衛星放送事業，IPTV事業が該当する。

7 大規模市場における英語放送局は週14時間以上，非大規模市場の英語放送局は週7時間以上地域番組を放送しなければならず，仏語放送局については週5時間を最低限度としつつ，CRTCがケース・バイ・ケースで判断する。なお，大規模市場とは人口100万人以上の市場を指し，トロント，モントリオール，バンクーバー，エドモントン，カルガリー，オタワ／ガティノーがこれに該当する（Broadcasting Regulatory Policy CRTC 2016-224）。

8 CRTCは，地域ニュースは地域を反映したものでなければならないと規定している。地域ニュースが地域を反映していると認められるのは，①ニュースの主題が放送局のサービスエリアに関連している，②地域の住民や公務員，地方公共団体，地方行政区域内での出来事を取り上げ，サービスエリアの映像を画面上に描き出している，③放送局の職員または同局専門の独立プロデューサーによって制作されたという条件を満たしている場合に限られる。なお，地域番組全体に対する地域ニュースの割合や地域ニュースへの投資額は，過去のデータを参考にしながら免許更新時に決定される（Broadcasting Regulatory Policy CRTC 2016-224）。

9 Broadcasting Regulatory Policy CRTC 2010-622, Broadcasting Regulatory Policy CRTC 2016-224.

10 カナディアン・コンテンツとは，プロデューサーがカナダ人であること，制作コストの75%以上がカナダ人に支払われていること等の条件を満たした放送番組のことを指す。商業テレビ放送事業者は1日の放送時間を通して平均60%以上（午後6時から深夜0時までは50%でも可能），公共放送CBCは時間帯を問わず60%以上を同コンテンツで編成

しなければならない。ラジオ放送事業者は，一部例外を除いて放送番組内容の35％以上をカナディアン・コンテンツとしなければならない。

11 「1991年放送法」第2条第1項によれば，放送は，公衆が放送受信装置によって受信するための電波やその他の電気通信手段によって行われる番組の送信と定義づけられる。それに対し，OTT-V事業者が行うのは個人向けのオンデマンド番組配信であり，公衆に向けた番組の送信には該当しないとネットフリックス等は主張している。

12 たとえばブリティッシュコロンビア州では，州内大手のブラックプレス（Black Press）とグレイシャー・メディア（Glacier Media）が地域独占の形成を目的に，2010年以降，少なくともコミュニティ紙33紙を売買または交換している（Edge［2018］）。

13 背景合成を行うためにグリーンバック（緑色の背景）を設置したスタジオのことをクロマキースタジオという。

14 2016年現在，人口は74万7,545人で，面積は1,371.89㎢である（Statistics Canada［2019］）。

15 2016年現在，人口は77万8,489人，面積は5,306.79㎢で，カナダで8番目の都市である（Statistics Canada［2019］）。

16 Ushahidiは，2007年に勃発したケニア危機を契機にサービス提供を開始したスタートアップ企業である。ケニア危機は暴動やその鎮圧によって1,000人を超える死者を出した同国建国以来最大の国内紛争であるが，Ushahidiはその際，暴動の目撃情報を電子メールやテキストメッセージで提供するよう地域住民に呼びかけ，収集した情報をグーグルマップ上に掲載し，安全情報として公開した。目撃情報の真偽を確認するため，国際的メディア機関や政府機関，NGO，同国のジャーナリスト等によるファクトチェックも実施されたという。同社が現在提供しているクラウドマップ・プラットフォームはこの時の経験を生かして構築されたもので，世界各国で危機対応や人権報告，選挙監視等に用いられている。なお，Ushahidiはスワヒリ語で「目撃者」を意味する。

17 日本語では「市民による政治」と訳され，「市民のための政治」を意味するシビル・ガバメント（civil government）とは区別される。

18 モバイル・ジャーナリズム（Mobile Journalism）を行うために，スマートフォンに装着するカメラレンズやマイク，手振れ防止グリップ等をまとめたキットを「MoJoキット」と呼ぶ。魔法や魔術という意味をもつ「mojo」と掛けて，モバイル・ジャーナリズムやそれに従事するモバイル・ジャーナリストは一般的に「MoJo」と略称される。なお，モバイル・ジャーナリズムは「インターネットに接続可能なポータブル・デバイスを用いた新しいメディア・ストーリーテリングの形態」と定義される（Richardson［2013］）。

《参考文献》 ※オンライン文献の最終閲覧日：2019年2月28日

藍澤志津・米谷南海［2018］『公共放送のマルチプラットフォーム展開とローカルコンテンツ戦略―BBC，CBC，ABC・SBCの事例より―（一般財団法人マルチメディア振興センター自主研究報告書）』。

NHK放送文化研究所［2018］『NHKデータブック　世界の放送2018』NHK出版。

竹村朋子［2011］「米国ジャーナリズムの現況と新たなトレンド―営利オンライン調査報道機関ProPublicaの検証―」『聖泉論叢』第19号，77-90頁。

塚本恭子・吉藤昌代・斉藤孝信・行木麻衣［2017］「テレビ・ラジオ視聴の現況：2017年6

月全国個人視聴率調査から」『放送研究と調査』第67巻第9号，108-115頁。

深澤弘樹［2015］「ローカルニュースの『現在』―全国地方局アンケートから―」『駒澤社会学研究』第47号，141-168頁。

Campion-Smith, B.［2017］Immigration fuels Canada's population growth of 1.7 million in five years: latest census. *The Star.*

　　https://www.thestar.com/news/canada/2017/02/08/canadas-population-grew-17m-in-5-years.html

Canada Revenue Agency［2005］*Carrying on business in Canada, GST/HST Policy Statement P051R2.*

　　https://www.canada.ca/en/revenue-agency/services/forms-publications/publications/p-051r2/p-051r2-carrying-on-business-canada.html

Canadian Communications Foundation［n.d.］*History of Canadian Broadcasting.*

　　http://www.broadcasting-history.ca/listing_and_histories/television

CBC［2014］*Strategy 2020: A Space for Us All.*

　　http://www.cbc.radio-canada.ca/en/explore/strategies/2020/

CHCH［2015］*CHCH-TV implements major restructuring to remain on the air.*

　　https://www.chch.com/chch-tv-implements-major-restructuring-to-remain-on-the-air/

CMCRP［2019］*Media and Internet Concentration in Canada, 1984-2017.*

　　http://www.cmcrp.org/wp-content/uploads/2019/01/Media-and-Internet-Concentration-in-Canada-1984%E2%80%932017-01112019.pdf

CRTC［2017］*Communications Monitoring Report 2017.*

　　https://crtc.gc.ca/eng/publications/reports/policymonitoring/2017/cmr2017.pdf

CRTC［2018］*Harnessing Change: The Future of Programming Distribution in Canada.*

　　https://crtc.gc.ca/eng/publications/s15/

Edge, M［2018］Death by natural causes or premeditated murder? B.C. chains eliminate competition by buying, trading, and closing newspapers. *Is No Local News Bad News? Local Journalism and its Future.*

　　https://www.academia.edu/34282698/Death_by_natural_causes_or_premeditated_murder_B.C._chains_eliminate_competition_by_buying_trading_and_closing_newspapers

Ferrucci, P.［2017］Exploring Public Service Journalism: Digitally Native News Nonprofits and Engagement. *Journalism & Mass Communication Quarterly*, 94(1), pp. 355-370.

Friend, D.［2015］Bell Media Layoffs to Affect 380 Employees, Will Hit Local News Hard: Union. *Huffington Post.*

　　https://www.huffingtonpost.ca/2015/11/06/bell-gives-notice-of-layoffs-in-toronto_n_8485778.html

Fry, H.［2017］*Disruption: change and churning in Canada's media landscape.*

　　http://www.ourcommons.ca/Content/Committee/421/CHPC/Reports/RP9045583/chpcrp06/chpcrp06-e.pdf

Houpt, S.［2015］Rogers cuts 110 jobs, ends all OMNI newscasts. *The Globe and Mail.*

https://www.theglobeandmail.com/report-on-business/rogers-to-cut-jobs-kill-all-omni-newscasts/article24306838/

Jackson, E. [2017] Bell Media cites CRTC Super Bowl ad policy as a factor in latest round of layoffs. *The Financial Post.*
https://business.financialpost.com/technology/bell-media-cites-crtc-super-bowl-ad-policy-in-latest-round-of-layoffs

Lindgren, A., Corbett, J., and Hodson, J. [2017] Canada's local news 'poverty'. *Policy Options.*
http://policyoptions.irpp.org/magazines/january-2017/canadas-local-news-poverty/

Local News Research Project and SpICE Lab [2019] *Local News Map Data February 1, 2019.*
http://localnewsresearchproject.ca/wp-content/uploads/2019/02/LocalNewsMapDataasofFebruary12019.pdf

News Media Canada [2017] *Community Newspaper Snapshot 2017.*
https://nmc-mic.ca/wp-content/uploads/2015/02/Snapshot-2017-Fact-Sheet_FINAL-1.pdf

News Media Canada [2018] *Newspapers 24/7 2018.*
https://nmc-mic.ca/wp-content/uploads/2018/04/2018-Newspapers-24-7-OVERVIEW-Presentation-FINAL-1.pdf

News Media Canada [2019 (a)] *2019 Ownership Groups - Canadian Daily Newspapers (90 papers).*
https://nmc-mic.ca/wp-content/uploads/2019/02/Daily-Newspaper-Ownership-2019_02072019.pdf

News Media Canada [2019 (b)] *Ownership: Community Newspapers.*
https://nmc-mic.ca/research-statistics/ownership/ownership-community-newspapers/

Paddon, N. [2015] CHCH TV suspends newscasts amid bankruptcy and restructuring moves. *The Hamilton Spectator.*
https://www.thespec.com/news-story/6180588-chch-tv-suspends-newscasts-amid-bankruptcy-and-restructuring-moves/

Postmedia [2017] *Postmedia Announces Community Newspapers Transaction with Torstar.*
http://www.postmedia.com/2017/11/27/postmedia-announces-community-newspapers-transaction-with-torstar/

Public Policy Forum [2017] *The Shattered Mirror: News, Democracy and Trust in the Digital Age.*
https://shatteredmirror.ca/wp-content/uploads/theShatteredMirror.pdf

Richardson, A. [2013] Mobile Journalism: A Model for the Future. *Diverse Issues in Higher Education.*
http://diverseeducation.com/article/17180/

Statistics Canada [2019] *Population and Dwelling Count Highlight Tables, 2016 Census.*
https://www12.statcan.gc.ca/census-recensement/2016/dp-pd/hlt-fst/pd-pl/Table.cfm?Lang=Eng&T=205&S=3&RPP=100

第3章

米国の非営利デジタルニュースメディア
―その台頭とパートナーシップの現状

脇浜　紀子

1　はじめに

　メディア利用形態が多様化し，従来型広告モデルが行き詰まるなか，地域メディア事業のあり方が問われている。新聞の発行部数は減少し，販売エリアも縮小，ローカル放送局の経営危機も叫ばれて久しい。総務省「放送をめぐる諸課題に関する検討会」では，地域情報や災害情報等の公益性の高い情報は「必ずしもビジネスとしての収益性とは合致しない」（総務省［2016］，p. 19）として，メディア環境の変化の中で，今の制度設計と経営モデルでは住民が求める地域メディアサービスが受けられない恐れがあることを明示した。

　米国では，2000年初頭から，デジタル化が伝統メディアにもたらした広告不況と景気後退の影響で，地方新聞が経営困難となり，記者の大量解雇や，休刊・廃刊が相次いだ。また，RTDNA（The Radio Television Digital News Association）とホフストラ（Hofstra）大学 の2017年の調査では，地域放送においてローカルニュース番組が増えており，ローカル局の経営は好調ではあるが，吸収合併により所有の集中は進んでおり，複数の地域で同じ番組が放送されるケースが増えていることを懸念している（Papper［2017］）。こうした地域メディアサービスが提供されない「情報空白域」が出現していることを受け，米国では，解雇された新聞記者たちが中心となり，デジタル配信を基本とする非営利ニュースメディアを次々に立ち上げている。

　本章は，米国で台頭している非営利ニュースメディアの現状を調査することで，国内の地域メディア事業の新しい可能性を探ることを目的としている。特

に，協働型地域メディア事業である非営利ニュースメディアと既存メディア（主に放送）とのパートナーシップに注目して，その意義，成立の条件，課題を明らかにする。

　本章の構成は，このあと第2節で，まず米国非営利ニュースメディアの発展経緯と聞き取り調査で明らかになった近年の多様化を概観する。第3節でケーススタディとして3つの非営利ニュースメディアの聞き取り調査の報告を行う。聞き取り調査は，2018年3月に米国カリフォルニア州で実施した。さらに第4節では，若手ジャーナリストの聞き取り調査から浮上した「マルチプラットフォーム・ストーリーテリング」について考察し，第5節でまとめ，インプリケーションを記す。

2　米国の非営利ニュースメディアの発展経緯

2.1　デジタル以前の非営利ニュースメディア

　米国における非営利ニュースメディアの歴史は古く，1846年には，加盟メディアの協働組織による非営利事業としてAP通信社が設立されている。1908年創設の高級紙のThe Christian Science Monitorや，1936年創刊の月刊誌Consumer Reportsも非営利型である。公共放送サービスであるPBS（Public Broadcasting Service）は1969年に，NPR（National Public Radio）は1970年に設立されている。

　現在台頭している非営利ニュースメディアの原型といえる組織は，1977年と1989年に，それぞれ，The Center for Investigative Reporting（CIR）とCenter for Public Integrity（CPI）が誕生している。CIRは最初の非営利型・調査報道メディアで，米国テレビの3大ネットワークの1つCBSの人気報道番組「60 minutes」のプロデューサーだったローウェル・バーグマン（Lowell Bergman）氏が立ち上げた組織である。CPIも同番組のプロデューサーであったチャールズ・ルイス（Charles Lewis）氏が設立者である。時に，公権力や広告主から圧力を受ける営利テレビメディアの報道に限界を感じた有名プロデューサーたちが，制約を受けずに，いわゆる「ウォッチドッグ（権力監視）」

調査報道を実践すべく，非営利ニュースメディアの道を切り開いたといえる。

2.2 デジタルファースト非営利ニュースメディアの誕生

インターネットが登場し，情報産業のあらゆる分野でのデジタル化の進行でメディア環境が劇的に変化するなか，多くの新聞社が経営問題に直面し，記事広告を増やすなど，収益性の確保に走る。ハミルトン（Hamilton, J.）[2004]やメーヤー（Meyer, P.）[2004]は，それが公共性の高いニュースや質の高いニュースの減退を招いていることに警鐘を鳴らし，非営利セクターによるニュース報道への関与を提言したが，これが，ピューリサーチセンター（Pew Research Center）が毎年発行するState of News Media 2005（Pew Research Center [2005]）で紹介され，活発な議論を喚起した。

デジタル配信を基本とするデジタルファースト非営利ニュースメディアの第1号は，2005年に誕生したVoice of San Diego（カリフォルニア州サンディエゴ）とされている。弱体化した地元紙が市政のスキャンダルなどを一向に報じないことに業を煮やした地元資産家と，地元新聞を解雇されたベテラン編集者が，ネット上で地域報道を展開すべく立ち上げた（牧野 [2010]）。そして，この後，各地で次々に非営利デジタルニュースメディアが生まれる。

直近のピューリサーチセンターの調査（Grieco [2018]）によると，全米の報道機関の働き手（記者，編集者，スチルカメラマン，ビデオカメラマン）は，2008年の11万4千人から，2017年には8万8千人となり，9年間で23％減少，2万7,000人の職が失われた。特に，新聞社からの解雇者が突出しており，同期間で45％も減少している。他方，新興のデジタルニュース分野では，同期間に7,400人から3万2,000人と79％増加している。新聞からデジタルニュース組織へと人材が移っている構図が浮かび上がる。そして，こうしたデジタルニュース組織の多くが非営利型である（Pew Research Center [2014]）。ほとんどが小規模なスタートアップだが，2008年に設立されたProPublicaは2010年，2011年と連続でピューリツァー賞を受賞し，注目を集めた。

そんななか，2009年に設立されたのがINN（Investigative News Network）である。27人の非営利ニュースメディアのジャーナリストたちが，危機に瀕する調査報道を非営利型組織によって支えるため，コンテンツ面や組織運営面で

協力し合うことを目的に開設した。

2.3 米国の非営利ニュースメディアの多様化
（INNの聞き取り調査より）

　本項では，INNのエグゼクティブ・ディレクター兼CEOのスー・クロス（Sue Cross）氏への聞き取り調査[1]から得た米国の非営利ニュースメディアの概況をまとめる。なお，データは聞き取り時のものである。

　クロス氏によると，非営利ニュースメディアは毎年15%から20%の割合で増加しており，現在，INNに加盟しているのは150超だが，全米では250から270ほどの団体が存在するとみられる。設立者はジャーナリストが多く，組織運営の経験がないため，資金集めやオーディエンス拡大施策などの面でのサポートを行うのがINNの役割である。

　また，メンバー間でのコンテンツ共有をコーディネートしたり，ウェブ制作の技術指導のワークショップなども定期的に開催したりしている。加盟団体の規模はさまざまであるが，財源は，慈善団体からの助成，資産家からの大口寄付，個人からのメンバーシップフィーや寄付，企業・スポンサーからの協賛，であり，活動を持続するための財源確保が共通の課題となっている。

　ところで，INNは2014年に組織のミッション転換と名称変更を行っている。「調査報道」に加え，「公共サービス（public service）機能」を育て，支えることをミッションと宣言し，設立時の2009年にはInvestigative News Network（調査報道ネットワーク）であった名称を，Institute for Nonprofit News（非営利ニュース協会）とした。これについて，クロス氏は次のように説明する。

　　調査報道が依然としてコアであることに変わりはなく，大きな組織はウォッチドッグ・ジャーナリズムとして調査報道に力を入れている。しかし，最近は，単純にコミュニティのことを伝える，というウォッチドッグを第一義としない組織も増えてきた。これにより，調査報道だけではなく，公共的な非営利ジャーナリズム・エコシステムを育成・維持するように範囲を拡大する必要がでてきた。テレビや新聞が市政や街のトピックといった公共性の高い地域情報を取り上げなくなってきており，非営利ニュースメディアがそ

れを代替するようになっている。

　これは，非営利ニュースメディアのセクションの多様化を物語っている。規模においても，街単位，州レベル，全国など，さまざまである。**図表3－1**は，縦軸に，主に公共的サービスを担うのか，それとも権力監視に重きを置くのかを，横軸に，カバーする範囲がローカルかナショナルかを，それぞれとって分類している。非営利ニュースメディアの元祖といえるCIRとCPIは，全国レベルで権力監視型報道を行う組織であり，他方，非営利デジタルニュースメディアの元祖のVoice of San Diegoは，サンディエゴの街に特化し，日々の市民生活に必要な地域情報に力点を置くメディアである。

　このように，米国では，多種多様な非営利ニュースメディアがエコシステムを形成してきており，その活動の1つに営利メディアとのパートナーシップがある。

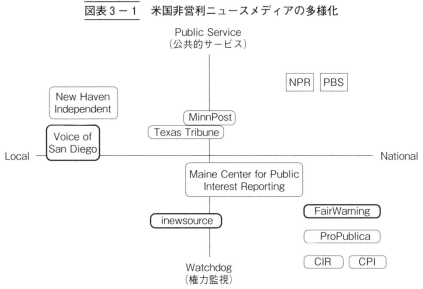

図表3－1　米国非営利ニュースメディアの多様化

出所：筆者作成。

3 米国の非営利ニュースメディアのパートナーシップの現状 （聞き取り調査）

3.1 パートナーシップに注目する意義

　米国の非営利ニュースメディアの出現については，国内の主に新聞・NHK のジャーナリストが注目し，記事や論考を発表している。**図表3－2**に主なものをまとめているが，ほとんどが，「ジャーナリズムの再生，質の向上」という観点から論じられている。

　パートナーシップに着目した論考としては，奥村［2018］が，2014年のPew Research Centerの報告書[2]を紹介する形で「ジャーナリズム・パートナーシップ」に言及し，報道現場のマンパワーが不足するなかでは「報道のクオリティを維持し魅力あるコンテンツを提供するため」に従来の枠組みを超えた協力関係も検討すべきであるとしている。また，1人で何役もこなす「マルチメディア・ジャーナリスト」の養成にも国内の事例を引いて触れており，後述する「マルチプラットフォーム・ストーリーテリング」の重要性と問題意識を共有するものである。

　この他にも，海外文献では，パートナーシップに言及した論考は散見される。ウォルドマン（Waldman, S.）［2011］は，信頼できる地域報道が多くのコミュニティで欠乏状態であるとして，広範囲にわたる政策・戦略提案を行っているが，その1つに，営利・非営利間も含めたメディア間の協働を挙げている。2012年のナイト財団の報告書（UC Berkeley Graduate School of Journalism Investigative Reporting Program［2012］）では，パートナーシップがうまくいくための条件を，組織運営や政策面から分析している。

　アルコーン（Alcorn, J.）［2017］は，成功している営利・非営利のニュースメディアのパートナーシップの3つの条件として，①両者のニーズを満たすこと，②具体的な共通目標を持つこと，③良質なジャーナリズムの実践，を挙げているが，特に①の意味するところは，本章でも重視するところである。つまり，営利メディア（ここでは既存放送メディア）は日々のニュース枠を埋める

図表3－2　米国非営利メディアに関する先行研究（国内）

オーサー	タイトル	掲載メディア	主なインプリケーション
日本記者クラブ研究会［2009］	「新しい調査報道の生態系：チャールズ・ルイス　アメリカン大学『調査報道担当ワークショップ』担当教授」	『世界の新聞・メディア』第3回	Center for Public Integrity設立者のルイス氏の講演録。硬派の調査報道を支える機関を日本の大学が主導できるのではないか。
奥山俊宏［2010］＜朝日新聞＞	「米国で広がる非営利の報道―ジャーナリズムの危機への処方箋として」	『新聞研究』	Voice of San Diego, Propublicaの取材記。NYタイムズの協働戦略にも言及。ジャーナリズムを生き残らせるために注目される非営利組織は一過性ではない。
牧野洋［2010］＜元日経新聞＞	「『新メディアの実験場』サンディエゴで活躍する調査報道専門NPO」	『現代ビジネス』	Voice of San Diegoの取材記。規制に守られる日本のメディアでは大きな人材流動が起きず，新メディア誕生の余地が限られている。
立岩陽一郎［2013］＜元NHK＞	「米国ジャーナリズムの新たな潮流：非営利化する調査報道」	『南山大学アジア・太平洋研究センター報』	Center for Public Integrity設立者のルイス氏の活動を通して，非営利ジャーナリズムの成立・発展・展望を考察。伝統メディアと非営利ジャーナリズムとの連携は新たな動き。
大治朋子［2013］＜毎日新聞＞	『アメリカ・メディア・ウォーズ　ジャーナリズムの現在地』	単著	全米の新聞社やNPOメディアを取材し，激変する米メディアを描く。民主主義を守るためジャーナリズムは重要である。
高橋恭子［2014］	「米国『調査報道センター』の取り組み　既存メディアにない新しい形とは」	『Journalism』	Center for Investigative Reportingを中心に米国NPOメディアの現状を報告。ジャーナリズムが危機に瀕しているというのが共通認識である。
柴田厚［2015］＜NHK＞	「アメリカの非営利ニュースメディアに見るジャーナリズムの新しい道～CIR代表R.ローゼンタール氏インタビューから～」	『放送研究と調査』	Center for Investigative Reporting代表のローゼンタール氏のインタビュー。非営利ニュースメディアが新聞やテレビと協力・補完しあうことで重要な役割を担い始めている。

出所：筆者作成。

のに追われて，大きなプロジェクトや専門知識を要する難解なトピックに人が割けず，また，デザイン，データジャーナリズム，調査報道のスキルを身につける余裕もない。他方，非営利デジタルニュースメディアは発信手段が実質ウェブサイトだけで，その更新頻度も多くの場合は数週間に一度程度なのでアクセス数も上がらず，また，そもそもの知名度が低く，リーチが小さい。パートナーシップによりこれらがお互い補完されることが期待されるのである。

　ところで，NHKはかつて「信頼される質の高い放送を通じて社会や文化の発展に尽くす」にあたり，その放送の評価指標として，「リーチ（接触）」，「クオリティ（質）」，「インパクト（影響）」，「コスト（受信料に見合う価値）」の4つの観点から測定するとしたが[3]，地域情報サービスにおいても採用できる指標であろう。国内の先行研究は，主に「クオリティ」のフェーズを強調しているが，パートナーシップに着眼する本章は，「リーチ」と「インパクト」にも重きを置いている。どれだけ高尚なジャーナリズムを発揮しても，それが多くの人に伝わり，理解されなければ，その使命を果たしたとはいえない。特に，地域生活に不可欠な情報を提供する場合は，スピード感，わかりやすさ，親しみやすさ，なども重要な要素となり，それらをどのように実現していくかの具体的な知見を得ることも本研究の目的である。

3.2　聞き取り調査対象メディア

　2018年3月に実施した聞き取り調査の対象は，カリフォルニア州にある3つの非営利ニュースメディアである。

　Voice of San Diegoは前出の通り，サンディエゴにあり，日々の地域情報を提供する「ローカル／デイリー型」，同じくサンディエゴのinewsourceは地域の調査報道に力を入れる「権力監視型」，ロサンゼルスが拠点のFairWarningは「分野特化型」，という特徴がある（**図表3－3**）。それぞれの組織の概要を**図表3－4**にまとめている[4]。また，Voice of San Diegoとパートナーシップを結んでいるローカルテレビ局のNBC7にもヒアリングを行った[5]。

第3章 米国の非営利デジタルニュースメディア 49

図表3－3 調査対象メディアのフォーカス

出所：筆者作成。

図表3－4 調査対象メディアの事業概要

2005	2009	2010
唯一の地元紙 The San Diego Union-Tribune（SDUT）の地域報道が弱体化していることを危惧した地元の資産家 Buzz Wooleyが35万ドルの資金を出し，SDUTを解雇されたベテラン編集者Neil Morganと設立	The San Diego Union-Tribune（SDUT）の身売りを機に，Lorie Hearnが，自ら率いていた調査報道班をスピンオフして設立	LA Timesのベテラン記者・Myron Levinが設立 Los AngelesのPasadenaにオフィス
地方行政，地域経済，住宅，教育，健康，環境など，地域の生活に重大な影響を及ぼす分野を扱う	当初の名称は，Watchdog Instituteで，サンディエゴ州立大学（SDSU）のジャーナリズムスクール構内にオフィスを設置，サンディエゴをベースの調査報道に力を入れる	公衆衛生，消費者安全，環境問題などの分野に特化し，行政や企業の責任を追及する専門性の高いニュースを提供
○総収入：132万3,904ドル 　・メンバーシップ会費：40万5,570ドル 　・寄付・助成金・寄贈：86万6,826ドル 　・プログラムサービス：5万5,041ドル ○総支出：161万8,485ドル 　・CEO報酬：13万5,423ドル 　・人件費：80万6,778ドル 　・広告・PR費：15万835ドル，など	○総収入：70万681ドル 　・寄付・助成金・寄贈：65万5,020ドル 　・プログラムサービス：4万4,972ドル 　・投資収入：689ドル ○総支出：84万6,362ドル 　・Execitive Director報酬：8万3,056ドル 　・人件費：49万1,864ドル 　・広告・PR費：1万3,870ドル，など	○総収入：34万352ドル 　・寄付・助成金・寄贈：33万5,010ドル 　・プログラムサービス：5,260ドル 　・投資収入：82ドル ○総支出　36万468ドル 　・President報酬：9万6,600ドル 　・人件費：18万4,105ドル 　・広告・PR費：計上なし，など
スタッフ：14人（記者9人）	スタッフ：11人（記者6人）	記者：3人
2006年からローカル放送局のNBC7とパートナーシップを結び，2010年にはNBC7の夕方のローカルニュース番組で「Fact Check（現Friday Five）」と「San Diego Explained」というレギュラーコーナーを持つ	2011年にSDUTとの契約を解消し，KPBS（公共ラジオ＆テレビ局）とパートナーシップ．KPBS内に移動．inewsourceに改名．2016年10月からは新たにローカル放送局のCBS8とパートナーシップ	ローカル放送局のNBC4との協働が数回

出所：牧野［2010］，各団体の内国歳入庁提出年次報告書［2016］，聞き取り調査より筆者作成。

3.3 ケース1：非営利／営利パートナーシップの模範

インタビューに応じてくれたのは，Voice of San Diego（以下，VOSD）の
CEOで編集責任者であるスコット・ルイス（Scott Lewis）氏と，NBC7
（KNSD）のニュース統括責任者のグレッグ・ドーソン（Greg Dawson）氏で
ある。

非営利デジタルニュースメディアの先駆けであるVOSDは，「情報は市民生
活の必需品であり，公共サービスである」との考えの下，地方行政や地域経済，
住宅，教育など，地域の生活に大きな影響を与える分野の報道に力点を置いて
いる。設立翌年の2006年には地元のローカルテレビ局NBC7とのパートナー
シップを開始している。当初は散発的なものだったが，2008年の金融危機の時
に，NBC7では3番組が打ち切り，12人が解雇など，報道部門が弱体化の憂き
目にあった。これを危惧したドーソン氏は，ルイス氏に連携の強化を持ちかけ，
2010年にはNBC7の夕方のローカルニュース番組で「Fact Check（現Friday
Five）」と「San Diego Explained」というVOSDが担当するレギュラーコーナ
を開始している。

「Friday Five」は，毎週金曜の18時からのニュース番組にルイス氏が出演し，
その週のサンディエゴの5つのトピックを3分間で伝えている。「San Diego
Explained」は毎週水曜日の18時からのニュース番組にVOSDの記者とNBC7の
キャスターがペアで街に出て，2分間の顔出しレポートを行う。ともに，
VOSDのクレジットは最初と最後に明確に示され，NBC7のウェブサイトにも
動画がアーカイブされていく。同コーナーは8年以上継続されており，VOSD
はNBC7から月々の報酬を受け取っている。

ルイス氏は，NBC7とのパートナーシップがあることで知名度が上がり，ス
タッフ14人（うち，記者9人）という小さな組織のVOSDでも，取材したニュー
スを，テレビ・ラジオ・紙媒体・ウェブ・ソーシャル，とあらゆるメディアに
街の誰よりも早く配信して，世論に影響を与えることができると評価している。
ドーソン氏は，VOSDが街のことを深く掘り下げる特徴のあるニュースを取材
していて，その専門知識を活用することで，結果的に視聴者に対して価値ある
報道ができることにメリットを感じている。

つまり，既存営利メディアは経費を抑えての「クオリティ」の高い報道が可能となり，非営利ニュースメディアは「リーチ」と「インパクト」を拡大できるという，Win-Winの図式で，アルコーン［2017］が指摘した「両者のニーズを満たすこと」の模範例といえる。

2010年に米国最大のケーブルテレビ会社のComcastがNBCUniversal買収をする際，メディアの集中を懸念するFCCの承認を得るために地域性が毀損しないことをアピールする必要があり，このVOSDとNBC7のパートナーシップをモデルに，NBCの10の地域直営局のうち少なくとも5局で，同様の非営利ニュースメディアとのパートナーシップを結ぶことを約束している[6]（Stelter［2010］）。

3.4 ケースⅡ：パートナーシップの多角化

2009年に，地元紙サンディエゴ・ユニオン・トリビューンで調査報道班を率いていたローリー・ハーン（Lorie Hearn）氏が，同紙の身売りを機に，班をスピンオフして始めたのがinewsourceである。アシスタントディレクターでシニアリポーターのブラッド・ラシーノ（Brad Racino）氏に聞き取りを行った。

inewsourceは「調査報道は公共サービスである」と考えている。発足当初はWatchdog Instituteという名称で，サンディエゴ州立大学内にオフィスの提供を受け，代わりに調査報道の授業を受け持つなどの協働を行っていた。2011年にKPBSというサンディエゴの公共放送サービス局と正式なパートナーシップを結ぶにあたり，現在のinewsourceに名称変更し，オフィスをKPBSのビルに移し，独立性は保ちながらも，ほぼKPBSのオペレーションに組み込まれる形となった。KPBSのイブニングニュースに週に1，2本程度の地域の独自ニュースを提供している。また，2016年からは，民放ローカル局であるCBS8とのパートナーシップもスタートさせた。なお，inewsourceは，KPBSからもCBS8からも報酬は受け取っていない。

ラシーノ氏によると，公共のKPBSと民間のCBS8という異なるオーディエンスを抱えるメディアで発信できることは知名度の拡大につながる上，両者とも自社ウェブサイトでのinewsource提供ニュースの閲覧数などのデータを共

有してくれるので，それをマーケティング指標とできるメリットがある。さらに，KPBSからはスタジオ設備や放送機材の無償使用，テレビ・ラジオ制作への助言，レポーターのボイストレーニング，といった便宜を，CBS8からは，ファンドレイジングキャンペーンを行うときに，無償で有名キャスターを派遣してもらうなどの協力を得ているという。金銭的報酬を受けるVOSDとは異なり，調査報道という「クオリティ」を既存メディアに提供することで，「リーチ」と「インパクト」の源となる具体的な手段を見返りとして受けているのが特徴である。

　また，inewsourceはデータ分析とデータ・ビジュアライゼーションにも力を入れている。たとえば，2017年にはサンディエゴの特別地域付加税の双方向地図を作成して，インターネット上で誰でも利用できるように公開している。複雑で難解なデータをわかりやすくビジュアル化して，レポートの中で有効に使う「データジャーナリズム」は調査報道の分野で注目されているが，そのスキルを備えるinewsourceでは，報道分野以外でもこれを生かして，持続可能な営利ビジネスに発展させていくことを考えている。質の高い調査報道を地域の人に届けることを追求していくなかで，パートナーシップを多角化し，最新技術の表現方法も取り入れて，連携を進化させている姿が現れているといえよう。

3.5　ケースⅢ：単発で終わったパートナーシップ

　ロサンゼルスのパサデナにオフィスを構えるFairWarningでは，エグゼクティブ・ディレクターで編集者のマイロン・レビン（Myron Levin）氏に話を聞いた。LA Timesのベテラン記者であったレビン氏が2010年に設立したFair-Warningは，公衆衛生，消費者安全，環境問題などの分野に特化し，行政や企業の責任を追及する専門性の高いニュースを提供する分野特化型の組織である。年間40本強の記事をリリースし，それが非営利・営利問わず多くの他のニュース・プラットフォームでシェアされている。

　2014年にローカル放送局のNBC4との協働が数回ある。たとえば，Fair-Warningが取材した「節度を持った飲酒」を呼びかけるアルコール飲料業界の広告の有効性に疑問を呈した記事は，NBC4の夕方ニュースで取り上げられた

が，これは，先述のComcastのNBCUniversal買収の際の地域性担保アピール施策の一環である。

　ところが，レビン氏はこのパートナーシップを成功とは考えておらず，継続はしていない。全国レベルのトピックを扱うFairWarningとローカルニュースを必要とするNBC4とのニーズが合わないこと，NBC4で放送されても寄付が増えるなどの成果がなかったことを理由として挙げたが，それらにも増して，ニュースに対しての主導権を失いたくないという意志が強いことが根本にあるようだ。

　さらに，ビデオ制作を試みて幾度となく技術的なトラブルに見舞われたことや，ビデオ制作のために若手インターンを採用した際にも，まずは報道の基本を教えることに手を取られたことなど，失敗体験が重なり，記事執筆以外の表現手段への関与に消極的になっている。テクノフォビアを自認するレビン氏は69歳，他の2名の記者も同世代の元LA Times記者で，長年，新聞文化に慣れ親しんだベテラン記者が，テレビ文化やネット文化を取り入れてメディア融合時代に適応していくことに苦慮している様子が窺えた。

3.6　小括（パートナーシップ成立の条件）

　ケースIとIIから，パートナーシップの意義は，非営利ニュースメディアに「リーチ」と「インパクト」の拡大をもたらし，営利メディアには経費を抑えながら「クオリティ」の高い報道を行う機会を与えることであると確認できる。そして，パートナーシップが有効に働く条件として，ルイス氏は「双方が自分たちのできないことを認識し，互いの弱点を認めた上で補完し合うこと」と語り，ドーソン氏は「すべてを自分たちが仕切らず，プロとしてお互いを信用し，価値を認め合うこと」と話した。

　ラシーノ氏は「過去10年で，非営利ニュースメディアが信頼と権威を構築し，新聞やテレビというレガシーメディアがともに仕事をすることに門戸を開くようになった。5年前ならCBS8は相手にしてくれなかっただろう」と指摘し，CBS8が最終的な編集権をinewsourceに持たせてくれることが重要であると強調した。つまり，互いを信頼し，自分たちのやり方だけを押し付けず，相手方を尊重することがパートナーシップ成立の条件といえる。

第Ⅰ部　地域メディアの新たな潮流

　ケースⅢのパートナーシップが継続しなかった要因としては，レビン氏の「すべてにおいて責任を持って報道したい」という思いが強いことがあるが，これは単に，ベテラン新聞記者の頑なさというだけではなく，専門性の高い分野を扱うFairWarningの性質上，表現や発表のタイミングなど，細部にまで気を配る必要があるなど，人任せにできない部分が多いことにも起因していると考えられる。また，ローカルを基盤としていないので，「リーチ」や「インパクト」というメリットを実感しづらい状況にあることや，パートナーシップがComcastのNBCUniversal買収での地域性担保の実績づくりの一環として利用された側面があり，現場の要請から発するボトムアップの試みではなかったことも，継続に至らなかった理由として考えられる。

4 マルチプラットフォーム・ストーリーテリング

4.1　表現手法の違い

　本節では，一連の聞き取り調査を通して，特に，若手記者からその必要性が強調された，「マルチプラットフォーム・ストーリーテリング」について取り上げる。用語の整理をする前に，VOSDのルイス氏が，ローカルテレビのNBC7の番組に自分を含めたVOSDの記者たちが出演するにあたって直面した課題を語った内容を以下に要約する。

　　最も大きなチャレンジは，新聞など文字ベース，紙ベースで仕事をしてきた記者たちに，ビデオで何ができるかをわからせることだった。テレビとの連携は，ただ面倒な仕事が増えるだけではなく，自分たちが伝えようとしていることの助けになると納得させなければならなかった。自身も，テレビレポートをスキルだとは思っていなかったが，実際にやってみて難しさがわかった。メモを見ずにカメラの前ではっきりと話す，というのは容易ではなく，反復練習が必要な表現スキルである。

非営利ニュースメディアの記者たちの大半は新聞出身であり，記事を書いて

第3章　米国の非営利デジタルニュースメディア　55

文字で伝える経験は積んでいるが，それを音声として伝えることや，「スタンドアップ」（日本でいうところの「顔出しレポート」）というテレビカメラに向かって語りかける表現手法に慣れてはいない。しかし，本章で注目した非営利ニュースメディアと既存メディアとのパートナーシップにおいては，音声表現，映像表現も求められるスキルとなる。

4.2　用語の整理

　かつてはそれぞれに独立して発展してきた新聞・雑誌・ラジオ・テレビなどの「情報メディア」がデジタルテクノロジーにより収斂されていくなか，「マルチメディア（Multimedia）」という用語が多用されている。同時に，文字・音声・写真・グラフィック・映像といった「表現メディア」がクロスオーバーしていく局面でもこの言葉は使われる。

　ドゥーズ（Deuze, M.［2004］, p. 140）は，一般に使われている「マルチメディア・ジャーナリズム」という用語の定義として，①ニュースを，文字・音声・グラフィックなど複数の「表現メディア」を使ってウェブサイトで提示すること，②ニュースを，ウェブサイト・ラジオ・テレビ・新聞など複数の「情報メディア」で提示すること（後者に関しては必ずしも同時に行われない），の2つがあると指摘している。また，前出の奥村［2018］は，「マルチメディア・ジャーナリスト」として，日本国内のローカル局で，人員不足ゆえに記者がカメラマンや編集マンも兼ねる「ビデオジャーナリスト」や，ケーブルテレビや地域FMラジオなどの人材をテレビレポーターとして活用する「ふるさと特派員」の事例を紹介している。前者は「表現メディア」，後者は「情報メディア」のマルチ化の現象である。

　本章では，2つの意味が混在することを避けるため，ドゥーズの分類の②にあたる用語として「マルチプラットフォーム（Multiplatform）」を採用する。プラットフォームとしては，紙媒体・ウェブ・アプリ・SNS・ラジオ・Podcast・スマートスピーカー・テレビ・ストリーミングビデオ，などが挙げられる。そして，それらのプラットフォームにそれぞれ適した表現で効果的に情報を伝えることを「ストーリーテリング（Storytelling）」とする。元は，「物語を語る」という意味で，映画製作の場などでよく使われる「ストーリーテリン

グ」であるが，近年は，ビジネスやジャーナリズムの現場でも，印象的にコンセプトや情報を伝える手法を指す言葉として使われている。新聞出身のVOSDの記者たちが習得しなくてはならなかったのが，まさに，「マルチプラットフォーム・ストーリーテリング」である。

4.3　若手記者のヒアリングから

　今回聞き取り調査をした若い非営利ニュースメディアの記者は「マルチプラットフォーム・ストーリーテリング」の必要性を強く感じていた。本項では，20代の若手記者からのヒアリングをまとめる。

　エルディス（Adriana Heldiz）氏は，2017年1月からVOSDのインターンを始め，2018年6月からはフルタイムで勤務している女性である。取材，ビデオ撮影，編集，原稿執筆，モーショングラフィック作成といった業務を担当するエルディス氏は，「マルチプラットフォーム・ストーリーテリング」の有用性について，次のように語った。

　　記事を読むのを好む人，ビジュアルや写真の方が理解の深まる人，と，人々のメディア消費は様々であり，異なるプラットフォームでニュースを配信することは重要で，リーチを広げることにもなる。サンディエゴにはいろいろな課題があり，多くは政治が関わっているが，若い世代はなかなかそれに気づかない。動画で伝える方が彼らの理解がすすむ。

　これは彼女の実体験に基づく見解である。ヒスパニック系移民の2世であるエルディス氏は，ヒスパニックコミュニティを取材した際，テキスト記事とは別に動画を制作して報道したところ，ウェブサイト上で若者から予想以上に多くのアクセスを得て，若い世代がコミュニティに関心を持っていることを実感したという。新聞を読まない世代，しかも，日常の第1言語が必ずしも英語ではない人たちに対して，映像でメッセージを届けることは有効なのである。

　inewsourceのカステネーダ（Leo Castaneda）氏はインターンを経て2014年8月からフルタイムのレポーターとして働いているヒスパニック系の男性である。リサーチ，取材，記事執筆，ラジオ用の録音・編集に加え，自らテレビ出

演してのスタンドアップレポートやボイスオーバー（VTRのナレーション）も行う。さらにデータ分析も得意としているが，動画の撮影と編集は別のスタッフに任せている。エルディス氏と同様，人々のメディア消費の多様化に呼応して，できる限り多くのプラットフォームで伝えることの必要性を感じるとともに，inewsourceのウェブサイト，公共放送であるKPBSの番組，民間放送のCBS8の番組と，３つのプラットフォームのそれぞれのストーリーテリングの違いについても認識するようになったという。

　カステネーダ氏によると，CBS8では簡潔，単刀直入，強い印象を残す言葉を使う必要があるが，KPBSでは，少し掘り下げて，繊細に，数値なども使って詳しく伝えることが要求される。inewsourceのオーディエンスは，さらなる詳細を知りたい人たちで，数値の入手経路の説明や，報道されている実際の文書などオリジナルソースにアクセスしたいという彼らのニーズに応える必要がある。こうした学びはパートナーシップがあったからこそ実践から身についたことで，inewsource単独の活動の中では学べなかったと振り返る。

　ところで，エルディス氏とカステネーダ氏は，ともに，サンディエゴ州立大学のジャーナリズムスクール出身である。このスクールのカリキュラムでは，実践的なマルチプラットフォーム・ストーリーテリングの基礎的スキルも網羅されており，デジタル時代のジャーナリストを志すなら，ただ取材して記事を書くだけという単一のスキルだけでは不十分であるとの考えが現れている。こうした教育は全米の大学で広がりつつあり，「マルチプラットフォーム・ジャーナリズム」コースを設定しているところも散見される。非営利ニュースメディアと既存の営利メディアのパートナーシップを細部の実働部分で支えているのは，このような新しいジャーナリズム教育を受けた若い世代だといえる。

　カステネーダ氏は，「10年以上１つのやり方で報道してきたベテラン記者には，テクノロジーを主体とする新しい伝え方への潜在的な抵抗感がある人もいるが，素晴らしい取材力，報道力を，違ったやり方でより生かせるということを理解し，我々若い世代と協働できればよいのではないか」と語った。パートナーシップはこうした新旧世代の協働の場を提供する機会ともいえる。

5 おわりに

5.1 調査の総括

　米国の非営利型ニュースメディアは，40年近く前に，営利メディアの制約から逃れて生まれたウォッチドッグ型が始まりであるが，インターネット社会到来後，従来営利モデルの後退を代替する形で多種多様な非営利ニュースメディアが登場し，特に地域報道が弱体化するなかで，公共性の高い地域情報を担う「ローカル／デイリー型」組織が存在感を増してきた。非営利ニュースメディアの共通項は，デジタルファースト（発信手段が実質ウェブサイトだけ）であることと，時間と専門知識を要する収益性の低い分野を扱うことであるが，既存の営利メディアとのパートナーシップでは，互いの弱点を補完し合える。

　つまり，非営利ニュースメディアに「リーチ」と「インパクト」の拡大をもたらし，営利メディアには経費を抑制して「クオリティ」の高い報道を行う機会を与える。客観的にみると，従来，収益性の低い調査報道や公共性の高い地域情報の提供は，商業メディアが，収益の上がる事業から内部補助する形で担ってきたが，デジタル時代の収益モデルを未だ確立できておらず，結果的にそれらを新興の非営利ニュースメディアにアウトソースしているのが，米国の現状と捉えることができる。

　そして，パートナーシップが機能するためには，オペレーションの中で信頼関係を築き，相手を尊重することが重要であるとともに，「マルチプラットフォーム・ストーリーテリング」も大きな要素であることが聞き取り調査からわかった。前者については，ローカルが基盤であることが協働のメリットを実感しやすい。後者については，今は，大学教育が提供する基礎的スキルをベースに実践から醸成していく段階にあるが，これに取り組む若手ジャーナリストが成長すれば，将来的に，統合されたマルチプラットフォーム・ニュース組織が生まれる可能性もある。

5.2 インプリケーション

　本研究から得られた国内の地域メディア事業へのインプリケーションであるが，まず，パートナーシップを成功させているケースⅠとケースⅡのサンディエゴの非営利ニュースメディアが，ともに自分たちの事業を「公共サービス」と位置づけていることに注目したい。昨年来，内閣府・規制改革推進会議主導で電波の有効活用が問われ，それに対し，電波割り当てを受ける民間放送は自らの公共的役割を強調してきた。

　しかしながら，実際には，民放ローカル局は，系列化による東京一極集中，経営苦境，最新テクノロジーの利活用の遅れ，働き方改革など，時代のパラダイム転換への対応に苦慮しており，自力で公共的役割を強化するのが容易な状況ではない。米国の既存営利ローカルメディア同様，プロフィット分野からコスト分野への内部補助は困難となっている。

　そこで，地域のNPOとの協働を考えてみてはどうか。国内のNPO法人数は増加しており，2018年4月末時点で，51,809の団体が認証されている。昨今，行政とNPOが協働して地域課題の解決にあたる取り組みも多く[7]，これに倣えば，地域メディア事業における営利と非営利のパートナーシップも実現の可能性は低くはない。

　しかしながら，国内で米国型のパートナーシップが成立するには多くの課題がある。第1に，地域情報や調査報道が民主主義に不可欠なもので，それらの流通は公共サービスである，という認識が一般に共有されていない。特に放送メディアについては，NHKと民放の二元体制という日本の放送事業の特徴ゆえに，公共的な役割はNHKの責務というイメージが強固で，民間メディアに公共サービスを求める社会的要請は強くはない。

　第2に，ジャーナリズムや地域情報流通が危機に晒されているという切迫感も浸透していない。そもそも，日本の報道は記者クラブに頼る発表報道が中心で，調査報道が少ないということが指摘されており，ジャーナリズムの成熟度が米国ほど高くはない。

　第3に，NPOの数は増えているが，NPO型メディアはまだわずかしかない。ある専門分野においてNPOの知識を活用できても，情報発信スキルにおいて

非対称性が顕著で，結局，既存メディア側が主導権を握る形となるだろう。

2つ目のインプリケーションとして，マルチプラットフォーム・ストーリーテリングの有効性が挙げられる。

日本社会においても，若者を中心にメディア消費の仕方が多様化している現状，つまり，紙に書かれた文字を読むことよりも，スマートフォン上のSNSで流れてくる短文や映像で情報を得るという傾向がある。また，縮小社会という現実は地域メディアの担い手が不足することも意味しており，限られた人手で全世代に効率よく情報を届ける必要がある。その際，デジタルデバイドも念頭において，印刷や音声の媒体を捨てるわけにはいかない。音声に関しては，スマートスピーカーといった新しいプラットフォームへの対応も急務である。必然的に，個人あるいは1つの組織が複数のプラットフォームで情報発信しなければならないわけだ。

しかし，そもそも国内にジャーナリズムやメディアを学べる大学は少なく，マルチプラットフォーム・ストーリーテリングを体系的に修得できる機関がない。伝統的メディア自身がマルチプラットフォーム展開に四苦八苦している現状で，新時代の多メディア表現スキルを身につけた若手ジャーナリストが生まれる素地に乏しいことは憂慮すべきであろう[8]。

3つ目に，近年，ウォッチドッグ的調査報道を第一義とせず，地域情報流通を「公共サービス」と捉えて，地域メディアの空白を埋めようとする組織が増えていることは，これらの機能を切り分けて議論するべきであることを示唆している。「権力監視機能」が，ジャーナリズムの核であるのは間違いないが，そうした大上段なジャーナリズムを振りかざすと，2018年3月に国内で巻き起こった「放送法4条撤廃」をめぐっての一部政府筋とマスコミとの感情的な論争にみられるように[9]，本来解決すべき課題が棚上げされてしまう。

さらには，一般の生活者から乖離してしまうことさえ危惧される。Pope[2018]は，ローカルニュースについて語るときには，表現の自由やジャーナリズムの危機という「上から目線」ではなく，日々の実生活に必要な情報をどのように市民に提供していくのかという点から議論を始めるべきだと述べている。国内でも地域メディア事業においては，送り手の論理よりも生活者に情報を届けるという視点を先行させて議論するべきではないだろうか。

5.3 今後の研究の課題

　本章では，4つの米国の非営利ニュースメディア組織の聞き取り調査を元に，米国の地域ニュースメディアの動向を把握し，そこで試みられている「協働」の実態から，国内の協働型地域メディアの可能性についての示唆を得た。ただ，非営利・営利のパートナーシップという形は，メディアのデジタル改革の途上で現れた過渡的なものと考えられ，さらなる事例研究などを重ねて動向を注視していく必要がある。また，得られた3つのインプリケーションはそれぞれに研究対象として探求すべきものであり，今後，取り組みたい。

　　　付記

　本聞き取り調査は，公益信託高橋信三記念放送文化振興基金の助成を受けて実現した。ここに感謝申し上げる。

《注》
1　2018年3月5日にロサンゼルスのダウンタウンにあるINNのオフィスを訪問。
2　Journalism Partnerships: A New Era of Interestという報告書で5つのパートナーシップのケーススタディを行っている（Mitchell and Page［2014］）。
3　NHKの「平成20年度の"約束"」において設定された指標である。https://www9.nhk.or.jp/pr/keiei/yakusoku/yakusoku20/yakusoku20.pdfを参照（NHK［2008］）。
4　収支のデータは，Form990という米国の非営利免税団体が，内国歳入庁に提出することを義務づけられた年次報告書［2016］より得ている。
5　聞き取り調査の日付は，FairWarningが2018年3月7日，Voice of San Diegoが同年3月12日，inewsourceとNBC 7が同年3月13日で，それぞれのオフィスを訪問して行った。
6　2010年12月23日付のComcastがFCCに宛てた書簡の中で提示され，その後NBCUniversalは2015年まで半年ごとに，非営利ニュースメディアとのパートナーシップの経過報告書を公表している。
7　主に地域行政において，市民がテクノロジーを活用して地域課題を解決するシビックテック（Civic Tech）の取り組みが広がっている。財政難，組織の硬直性，専門人材の不足などで自治体が対応できない課題を，リソースを持つ市民や企業が協働することで具体的な成果を上げていくもので，行政のオープンデータがこれを可能としている。
8　8 bitNews（元NHKのジャーナリスト堀潤氏が立ち上げた市民参加のウェブメディア）と恵比寿新聞（東京都渋谷区恵比寿の地域情報を発信するインターネットのWEBマガジ

ン）のコラボワークショップ「伝える人になろう講座」では，次世代の情報発信者の育成を試みており，注目される。

9 内閣府の規制改革推進会議で「電波の有効活用」が議論されている折に，安倍政権が「放送法 4 条撤廃」を含む放送改革を考えていると共同通信が伝え，これを受けて大手新聞社や民放局が「偏向放送が増える」などと猛反発した。

《参考文献》

Alcorn, J. [2017] "How news partnerships work: Commercial and nonprofit newsrooms can work together to benefit and change journalism," American Press Institute (https://www.americanpressinstitute.org/publications/reports/strategy-studies/commercial-nonprofit-partnerships/, 最終確認日2018年11月20日).

Deuze, M. [2004] "What is Multimedia Journalism?" *Journalism Studies*, Volume 5, Number 2, 2004, pp. 139-152.

Grieco, E. [2018] "Newsroom employment dropped nearly a quarter in less than 10 years, with greatest decline at newspapers," Pew Research Center (http://www.pewresearch.org/fact-tank/2018/07/30/newsroom-employment-dropped-nearly-a-quarter-in-less-than-10-years-with-greatest-decline-at-newspapers/, 最終確認日2018年11月20日).

Hamilton, J. [2004] *All the News That's Fit to Sell*, Princeton, N.J.: Princeton University Press.

牧野洋 [2010]「『新メディアの実験場』サンディエゴで活躍する調査報道専門 NPO」『現代ビジネス』講談社 (http://gendai.ismedia.jp/articles/-/1190, 最終確認日 2018 年 11 月 20 日)。

Meyer, P. [2004] *The Vanishing Newspaper: Saving Journalism in the Information Age*, Columbia, MO: University of Missouri Press.

Mitchell, A. and Page, D. [2014] "Journalism Partnerships: A New Era of Interest," Pew Research Center (http://www.pewresearch.org/wp-content/uploads/sites/8/2014/12/PJ_JournalismPartnerships_120414.pdf, 最終確認日 2018 年 11 月 20 日)．

NHK [2008]「平成 20 年度の"約束"」(https://www9.nhk.or.jp/pr/keiei/yakusoku/yakusoku20/yakusoku20.pdf, 最終確認日 2018 年 11 月 20 日)。

日本記者クラブ研究会 [2009]「新しい調査報道の生態系：チャールズ・ルイス　アメリカン大学『調査報道担当ワークショップ』担当教授」『世界の新聞・メディア』第 3 回 (https://s3-us-west-2.amazonaws.com/jnpc-prd-public-oregon/files/opdf/433.pdf, 最終確認日 2018 年 11 月 20 日)。

大治朋子 [2013]『アメリカ・メディア・ウォーズ—ジャーナリズムの現在地』講談社現代新書。

奥村信幸 [2018]「ローカル局のニュース制作能力を再評価する：地方とネット時代の報道のために」『ネット配信の進展と放送メディア』日本放送連盟・研究所，137-161 頁。

奥山俊宏 [2010]「米国で広がる非営利の報道—ジャーナリズムの危機への処方箋として」『新聞研究』日本新聞協会，705，2010.4，36-41 頁。

Papper, B. [2017] "RTDNA Research: Local news by the numbers," Radio Television Digital News Association (https://rtdna.org/article/rtdna_research_local_news_by_the_numbers_2017, 最終確認日2018年11月20日).

Pew Research Center [2005] "State of the News Media," (http://assets.pewresearch.org.s3.amazonaws.com/files/journalism/State-of-the-News-Media-Report-2005-FINAL.pdf, 最終確認日2018年11月20日).

Pew Research Center [2014] "State of the News Media 2014: The Growth in Digital Reporting: What It Means for Journalism and News Consumers," (http://www.journalism.org/2014/03/26/the-growth-in-digital-reporting/, 最終確認日2018年11月20日).

Pope, K. [2018, Jul.26] "The local news death spiral. Plus, the Cohen-Trump tapes," Audio podcast, The Kicker, Columbia Journalism Review.

柴田厚 [2015]「アメリカの非営利ニュースメディアに見るジャーナリズムの新しい道～ CIR代表R.ローゼンタール氏インタビューから～」『放送研究と調査』NHK放送文化研究所, 65(3), 26-37頁。

総務省 [2016]「放送を巡る諸課題に関する検討会・第一次とりまとめ」(http://www.soumu.go.jp/main_content/000438533.pdf, 最終確認日 2018年11月20日)。

Stelter, B. [2010, Dec.30] "Nonprofit News May Thrive in Comcast Takeover," *New York Times* (https://www.nytimes.com/2010/12/31/business/media/31comcast.html, 最終確認日2018年11月20日).

高橋恭子 [2014]「米国『調査報道センター』の取り組み 既存メディアにない新しい形とは」『Journalism』朝日新聞社, 2014.11, no.294, 170-175頁。

立岩陽一郎 [2013]「米国ジャーナリズムの新たな潮流：非営利化する調査報道」『南山大学アジア・太平洋研究センター報』8, 2013.6, 22-40頁。

UC Berkeley Graduate School of Journalism Investigative Reporting Program [2012] "From Outsourcing to Innovation: How Nonprofit/Commercial Media Partnerships Can Help Fill the News Gap," Knight Foundation (https://investigativereportingprogram.com//wp-content/uploads/resources/From_Outsourcing_to_Innovation.pdf, 最終確認日2018年11月20日).

Waldman, S. and the Working Group on Information Needs of Communities [2011] "The Information Needs of Communities: The Changing Media Landscape in a Broadband Age," North Carolina: Carolina Academic Press, 2011.

第 I 部　地域メディアの新たな潮流

第4章

グローバル・プラットフォーマーと
メディア・ローカリズム

神野　　新

1　メディアとグローバル・プラットフォーマーの関係

　本章では，グローバル規模で大規模な事業展開を行うプラットフォーマーが，新聞，雑誌，テレビなどの伝統的なメディアとの間で，どのような協調と競争の関係を構築しており，とりわけ，地域情報の配信において，いかなる貢献を果たしているのか分析を行う。観察対象のグローバル・プラットフォーマー[1]とは，GAFA（Google, Apple, Facebook, Amazon）などと総称される，主に米国系の大規模な事業者を指すが，以降，表記上は「プラットフォーマー」で統一する。

　まず，本章の現状認識（2019年初頭）は下記①，②の通りである。

①2010年代半ばまで，自由かつ奔放ともいえる事業展開を謳歌してきたプラットフォーマーだが，フェイクニュース，データ保護への対策不備などの批判を受けて，規模や利益の拡大を最優先する戦略を転換せざるを得ない状況にある。

②彼らに対しては，ビッグデータ，AI（人工知能）などをめぐるグローバル覇権の駆け引きを背景に，米国以外の国々，特に欧州連合（European Union：EU）からの政治・規制圧力が増している。

　そして，本章では今後の推移を下記③，④と予想する。

③短期的には，グローバル規模の利害調整的な規制や，プラットフォーマー自身が選択する批判的世論への対応策の一部は，メディアとの関係を対立構造に向かわせるかもしれない。

④しかし，中長期的には，プラットフォーマーは，より信頼性の高いコンテンツへのニーズを強めており，メディアと共存共栄可能な協調戦略を模索せざるを得ない。それは，メディアにとって，プラットフォームを活用した顧客維持や収益改善のチャンスである。

ここで，③の利害調整的な規制とは，たとえば，EUが導入を検討してきた，いわゆる「リンク税」である。それは，プラットフォーマーが自社ポータルサイトにメディアのニュースや記事のリンク，要約を掲載する場合に，メディア側に著作隣接権を付与して，プラットフォーマーに一定金額の支払い（収入配分）を義務づける規制であり，EUの著作権指令の改訂作業の中で導入是非の議論が続いてきた（2019年4月成立）[2]。また，批判的世論への対応策とは，Facebookのフェイクニュース対策としてのニュースフィードのアルゴリズム変更が挙げられる。この変更により，友人・知人の発信情報がニュースよりも優先してフィード上に表示されることになったため，一部では「ニュース外し」との声も出ている。

本章の分析対象は，情報通信市場のレイヤー構造[3]で説明すると，プラットフォーム層とコンテンツ・アプリケーション層の関係である。規制面でいえば，後者の層のうち，放送系サービスには事前規制が存在するが，それ以外のオンライン・コンテンツ（音楽やゲームなど）については，競争法，税法など事後規制中心に対処してきた国が多い。たとえば，EUの情報通信規制では，事前規制として放送系には「オーディオビジュアル・メディア・サービス（Audio Visual Media Service：AVMS）指令」が存在するが，それ以外のコンテンツには存在しなかった。ただし，欧州におけるプラットフォーマーのプレゼンス急拡大を受けて，2015年頃から事前規制を導入する動きが活発化しているが，その点は後述する。

2 オンライン・メディア市場の現実

　ニュースをオンラインで取得する行為は日常化しているが，欧州委員会（European Commission：EC）が著作権指令の改訂案の策定時に行った2016年の調査によれば，欧州市民の過半数はオンライン・ニュースをプラットフォーマーから得ていた（EC［2016］）。すなわち，新聞，テレビ局などの運営するオリジナル・サイトのニュースを直接見ている人が42％に対して，ソーシャルメディア（Facebook, Twitterなど）やサーチ・エンジン（Googleなど）に代表される，プラットフォーマー経由で見ている人は57％に達していた。このような現実を受けて，「プラットフォーマーはオリジナル・サイトの情報やリンクを引用する場合に，相応の対価を支払うべきである」という，前述のリンク税論争が生じたのである。

　日本でも，博報堂［2018］のメディア定点調査によれば，ニュースをメディアから取得する時間は減少の一途である。同調査では，メディアを「テレビ，ラジオ，新聞，雑誌」から構成される「①マスメディア」と，「パソコン，タブレット端末，携帯・スマートフォン」から構成される「②デジタルメディア」に分類し，1日にどれだけ①および②に接しているかを聞き取り，メディ

図表4－1　世界の広告市場の媒体別シェア推移（電通調査）

世界の広告費に対する媒体別シェア：%

媒体別	2017年		2018年		2019年
	前回予測	実績	前回予測	予測改訂	新規予測
テレビ	36.7	36.6	35.5	35.5	34.5
新聞	9.1	9.1	8.1	8.1	7.2
雑誌	5.7	5.6	5.1	5.0	4.5
ラジオ	6.3	6.3	6.1	6.1	6.0
映画館（シネアド）	0.6	0.6	0.6	0.6	0.6
屋外/交通	6.3	6.3	6.2	6.2	6.0
デジタル	35.4	35.6	38.3	38.4	41.1

注：前回予測は2018年1月発表。
出所：電通［2018］（点線囲みは筆者が付記）。

第4章　グローバル・プラットフォーマーとメディア・ローカリズム｜67

図表4－2　プラットフォーマーのビジネス構造と広告依存度

指標 (2018年度)(注1)	Facebook	Google	Amazon	Apple
主力ビジネス	SNS	検索	ネット通販	スマートフォン
ニュース配信	有 (ニュースフィード)	有 (Googleニュース)	なし	有 (Apple News)
売上高	558億ドル	1,368	2,329	2,656
営業利益 (利益率)	249億ドル (44.7%)	263 (19.2%)	124 (5.3%)	709 (26.7%)
主力収入源への 依存率 (売上高ベース)	99% (広告：550億ドル)	85% (広告：1,163)	89% (ネット通販)	79% (端末販売)
米国市場への 依存率 (同上)	46% (米国とカナダ)	46%	61% (北米：ただ しAWSは除く)(注2)	42%

注1：各社の年度決算日は，Appleが9月末日，その他は12月末日である。
注2：Amazonの「AWS (Amazon Web Services)」は，データセンター・クラウド事業。
出所：各プラットフォーマーの米国証券取引委員会 (SEC) のForm-10K (有価証券報告書)，日経新
　　　聞 [2018] より筆者作成。

ア総接触時間として百分率で示している。2006年からの推移をみると，2018年
は対前年比で②の接触時間（50.4％）が①のそれ（49.6％）を初めて上回った
画期的な年であった。この接触時間はニュース視聴に絞り込んだものではない
ため，多くの時間は娯楽系サービスに費やされていると思われるが，それでも，
欧州同様，日本でもオンライン・ニュースをプラットフォーマー経由で取得す
る割合が増えているのは間違いないだろう。

　大半のメディアの経営を支える広告市場の売上高の内訳からも，2018年が世
界的に画期的な年であったことがわかる。電通は図表4－1の通り，「世界の
広告費成長率予測」を半年ごとに発表しているが，2018年6月時点の同年末予
測値では，デジタル広告（38.4％）がテレビ広告（35.5％）を初めて上回った。
後述するが，デジタル広告はGAFAのうちGoogle，Facebookの売上高の85％
以上を占める絶対的な収益源であり，彼らの躍進の原動力である。デジタル広
告は雑誌（2017年末シェアは5.6％），ラジオ（同6.3％），新聞（同9.1％）を
次々と追い抜いてきたが，それらよりもはるかに巨大なテレビ広告（同
36.6％）を抜き去ったことのインパクトは大きい。2018年の対前年比成長率を
見ても，テレビ広告はマイナス1.1％，デジタル広告はプラス2.8％であり，当
面，両者の差が拡大する情勢にある。

ここで，プラットフォーマーが広告市場全体（デジタル以外の媒体も含む総計）に占めるプレゼンスを確認してみたい。**図表4－2**の主力収入源への依存率から明らかな通り，プラットフォーマーと総称されているが，彼らの主力ビジネスは多様である。Appleは端末販売が収益の80％を占める機器メーカーであり，Amazonはネット通販比率が90％近い小売事業者である。したがって，GAFAで広告収入に大きく依存するのはFacebook，Googleの2社のみだが，その規模は巨大である。両社の2018年度の広告収入の合計は約1,713億ドルであるが，前出の電通統計は世界の広告市場（デジタル以外も含む）の総規模（2018年）を6,135億ドルと予測値しているので，2社だけでその約28％を占めているのだ。

3　オンライン・メディア市場をめぐる協調と競争の構図

メディアにとって，プラットフォーマー（特にGoogleとFacebook）は広告市場を奪い合うライバルであり，長年，協調よりも競争が先に立つ緊張関係が続いてきた。しかし，レイヤー構造下のオンライン市場において，両者は必然的に相互依存の関係にあり，どちらが欠けても存在が成り立たない。それにもかかわらず，協調よりも競争の関係が上回る程度について考察すると，①プラットフォーマーと対峙する産業の広告収入への依存度，②その産業がインターネット出現以前に構築していた垂直統合組織の範囲と規模の大きさ，③その産業が自らのコンテンツに抱く社会的価値意識の高さ，が大きく影響していると考えられる。この推論は，音楽やゲーム産業と比較して，メディア産業，特に民間の新聞，放送で，プラットフォーマーとの競争関係がより長く継続してきたことから明らかである。

メディアとプラットフォーマーが協調・競争関係を構築する際に，上記3要素が影響するという推論の裏づけとして，Sehl, Cornia and Nielsen［2018］が興味深い指摘を行っている。彼らは，オックスフォード大学とロイター通信（トムソンロイター財団）が共同で運営する「Reuters Institute for the Study of Journalism：RISJ」の研究「Public Service News and Social Media」において，欧州の公共放送（Public Service Media：PSM）がSNS（Social Net-

図表4-3 メディアとプラットフォーマーの戦略や施策にみる「協調と競争」の構図

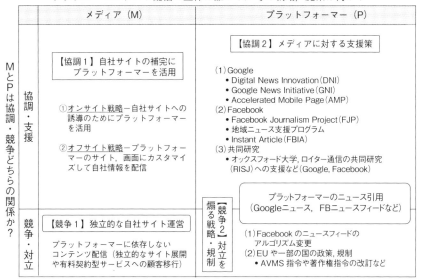

出所:各社の公式発表,各種報道,EC［2016］などより筆者作成。

work Service）をいかに活用しているのかを明らかにした。そこでは，広告依存の低いPSMはプラットフォーマーと協調しやすい一方で，PSMの組織内で生み出される付加価値（すなわち公共番組）がプラットフォーマーの価値観と対立する可能性が述べられている。それでは，広告ベースの商業放送（Commercial Service Media：CSM）は，プラットフォーマーと折り合いをつけることはより難しいのだろうか。その点について，Sehlらが「CSMも含めて，Google，Facebookがクオリティ・ジャーナリズムを支援するケースも増えている」と述べている点は注目に値する。このSehlらの研究は，メディアがSNSをどのように活用すべきか，また，プラットフォーマーとの関係をいかに構築すべきかという点で示唆に富むため，後段で詳しい紹介を行う。

さて，現在のメディアとプラットフォーマーのデジタル・コンテンツ配信における協調と競争の構図は，どのように整理，分類されるのだろうか。**図表4-3**では，2019年初頭のメディア関連の戦略や施策について，「それらは協

調・支援を育むのか，それとも競争・対立を喚起するのか？」という観点（縦軸）からマッピングしている。

　メディアは，記事や番組を自社サイトでオンライン提供するが，その際にプラットフォーマーを積極的に活用するのか（図表4－3中の【協調1】のポジション），それとも，あくまでも自社サイトに閉じた提供を基本とするのか（同【競争1】）によって，協調と競争の構図は大きく変わってくる。対するプラットフォーマーは，Facebookのように画面表示のアルゴリズムを変更したり，自社ポータル・サイトの閲覧率向上のために，メディアのコンテンツの要約やリンクを表示する。その際の表示方法や対価の支払いは論争の火種となる（同【競争2】）。他方で，フェイクニュースが横行し，批判的世論が高まるなか，配信するコンテンツの信頼度や品質の向上はプラットフォーマーにとって重要度が増しており，全般的なジャーナリズム支援や，コンテンツ保有者が情報をネットに簡単にアップできる技術的インターフェース構築の取り組みを強めている（同【協調2】）。2015年以降，そのようなメディアに対する支援策が次々と登場しており，その中心はGoogleでありFacebookなのである。

　以下，図表4－3の中の協調(1)と(2)の事例分析を，それぞれ，以下の第4節，第5節で，また，競争(1)と(2)を第6節，第7節で紹介する。

4　メディアのコンテンツ配信におけるプラットフォーマー活用（協調1）

　ここでは，前出のSehlら［2018］の研究を詳説する。彼らは，BBCなど欧州の代表的な公共放送（PSM）6社に注目して，そのSNS利用の実態を細かく把握した。まず，**図表4－4**の通り，PSMが自社番組の情報発信で代表的なSNSをどの程度活用しているかを，ページリンクやフォロワー数で示しているが，いずれもBBC Newsが突出して多い。それに続くのが，仏・独を代表するニュース専門放送チャンネルのFranceinfoとTagesschau[4]である。続いて，SehlらはSNS投資の規模を測るために各局のSNS担当チームの人的規模を聞き出しているが，配置人数はページリンク数などと相関が高い。配置人数とリンク数はチキン・エッグ関係かもしれないが，きっかけとして，より多くの投資

第4章　グローバル・プラットフォーマーとメディア・ローカリズム 71

図表4－4　欧州の代表的な公共放送（PSM）のSNS活用

（総ページリンク／フォロワー数）（2017年10月末時点）

Accounts of public Service Media	Fecebook		Twitter		Instagram	
	Total page likes	Growth(%)	Total followers	Growth(%)	Total followers	Growth(%)
BBC News*	44.6M	8	8.9M	9	4.3M	19
BBC Breaking News	—	—	35.4M	11	—	—
Franceinfo	1.6M	11	1.2M	13	36.3K	21
Franceinfo video	1.1M	7	—	—	—	—
Rainews	354.8K	9	938.2K	4	5.7K	72
Tagesschau	1.4M	34	2.3M	10	137.7K	40
Tagesschau Eil	—	—	237.7K	85	—	—
Yle Uutiset	183.7K	14	193.0K	8	35.0K	33
ZDF heute	775.2K	16	404.8K	16	75.3K	36

注：（*）TwitterアカウントはBBC News（UK）の値であり，BBC News（World）はカウントしていない。

出所：Sehl, Cornia and Nielsen [2018]（点線囲みは筆者が付記）。

（配置）を行ったからこそ，SNSの利活用が増えたとみるべきだろう。

　Sehlらは，PSMのSNS戦略の現状を「オンサイト」と「オフサイト」に区分している。オンサイト戦略とは，自社ニュースサイトを直接参照してもらうためにSNSを使用することである。対するオフサイト戦略では，SNS向けに独自に作成したオリジナル・コンテンツを通じて，SNS上の若年層など直接的な自社リーチが難しい層にアプローチするためにSNSを利用する。Sehlらは「中高年をターゲットにした昔ながらのサービス提供を克服し，若年層へのデジタル提供を発展させたければ，PSMはSNS投資を惜しんではならない」と提言している。ただし，続けて「PSMはSNSのプラットフォームに依存し過ぎて，ニュース配信の主導権を渡してはならない」と結んでいる点は注目に値する。

5 プラットフォーマーとメディアの協業イニシアティブ（協調2）

　プラットフォーマーとメディアの具体的な協業イニシアティブを概観したのが**図表4－5**であるが，フェイクニュース批判が高まった2010年代半ば以降，

72 第Ⅰ部 地域メディアの新たな潮流

図表4－5 メディアとプラットフォーマーの主な協業イニシアティブ

プラットフォーマー	イニシアティブ名	開始年と概要
Google	Google News Initiative（GNI） （Digital News Innovation：DNI）	(2018) 3年間で各種ジャーナリズム支援関連プロジェクトに3億ドル投資 • クオリティー・ジャーナリズムの強化（フェイクニュース対策） • 長期的に維持可能なビジネスモデルの確立（メディア企業の収益増の支援） • 最新テクノロジーによるニュースルームのイノベーション（ジャーナリスト向けVPNなど） • 産学共同研究PJ（オックスフォード大学/ロイターのRISJ^{（注）}）支援
	Accelerated Mobile Pages（AMP）	(2016) モバイル・ウェブ・アクセス高速化のオープン・ソースPJ（DNI施策の一環） • ニュース検索におけるモバイル・ウェブの地位低下の歯止め • FBのニュース・フィードへの対抗が目的
Facebook（FB）	①Facebook Journalism Project（FJP） ②地域ニュース支援プログラム	① (2017) ニュース製品の共同開発，ジャーナリスト，読者向けの訓練とツール支援 ② (2019) 地域ニュースに絞り込んだ3年間3億ドルの支援
	Insatant Articles（FBIA）	(2015-2016) FBのモバイル・アプリ上のコンテンツ・アクセス高速化PJ • 仏Liberation紙などと提携して実験開始，2016年に一般公開
Apple	Apple News Project	(2016) モバイルのニュース・コンテンツ設計の高度化，容易化 • AMP，FBIAと同様，コンテンツ事業者のアップロード環境改善

注：RISJ－Reuters Institute for the Study of Journalism.
出所：各社の公式発表，各種報道，EC［2016］などより筆者作成。

GoogleとFacebookが競い合うようにジャーナリズム支援策を展開していることがわかる。先行したのはGoogleであり，2015年に欧州メディアとの連携に向けて「Digital News Innovation（DNI）」プロジェクトを立ち上げ，2018年3月には，それを包含した発展的施策として「Google News Initiative（GNI）」を発表している（Google［2018, 2019］）。対するFacebookは，2017年1月に「Facebook Journalism Project（FJP）」を立ち上げていたが，2019年1月には地域ニュースに焦点を絞り込んだ大規模な施策を発表した（Facebook［2019］）。

第4章　グローバル・プラットフォーマーとメディア・ローカリズム｜73

両社の最新施策は，いずれも3年間で各3億ドル（2社合計で6億ドル）の支援を行うという大規模なものである。以下，順に両社の施策の説明を行う。

5.1　Googleのジャーナリズム支援

GoogleのGNIのキーワードは，DNIから引き継いだ「クオリティー・ジャーナリズム」，「維持可能なビジネスモデル」，「ニュース制作のイノベーション」，「産学共同研究」である。欧州で活動を開始したDNIは，独自の基金を通じてさまざまな分野に支援を行ってきたが，その詳細は年次報告書「Digital News Innovation Fund Report」に記載されている。

GNIの公式サイトでは，冒頭に「ジャーナリズムの未来を築く」という言葉が躍り，続いて「知識を広めることは Google の使命であり，報道機関やジャーナリストの使命でもあります。つまり，私たちが目指す未来は，密接に結び付いているのです」と明言している。さらに，Googleは，ジャーナリズムとの関係構築に向けて抱く5つの信念を説明している。それらは「①質の高いジャーナリズムを大切に」，「②組織基盤の安定にイノベーションを」，「③ニュースに，オープンなデジタル エコシステムを」，「④新しい技術はチャンスである」，「⑤コラボレーションが成功への鍵」であるが，信念⑤の中で「報道機関やテクノロジー企業が『単独で生きる』時代は終わろうとしています」と述べている。これらの信念は，GNIの支援規模や範囲の広さ，そして，プラットフォーマー強大化に対する世論や政策・規制当局の懸念の高まりを考慮すると，相当程度に本音と考えて間違いないだろう。実際，GNIが発表している提携団体には，世界新聞協会，全米放送事業者協会，欧州ジャーナリズムセンター，ローカル・メディア・コンソーシアム（米国）[5] などが名を連ねており，世界の広範な地域のさまざまな種類のメディアから支持を得ていることがわかる。

Googleは，前述のRISJと密接な連携を行っている。RISJはオックスフォード大学所属の機関であり，1983年からのフェローシップ・プロジェクトを継承して2006年に設立された。主な財政支援者はトムソンロイター基金であるが，他にGoogle，BBC，Ofcom（英国通信規制機関），香港中文大学，韓国プレス基金，さらには，Facebookも2017年から名を連ねている。その顔ぶれから明

らかな通り，RISJの使命は，新聞やテレビという枠を越えて，独立したジャーナリズムの価値，ニュースの力，公衆が情報に接することの重要性を信条として，世界のジャーナリズムの未来を開拓することにある。RISJの具体的なプログラムは下記の３つであるが，ジャーナリストに対して，企業や組織の枠を越えた情報交換の場を提供していることがわかる。

①Journalist Fellowship Programme：現場のミドルクラスのジャーナリストのオックスフォード大学での研究従事（「締め切りから開放された空間」）。

②Leadership Programmes：役員，編集者，管理職級のジャーナリストによる，小人数の掘り下げた意見交換会。

③Research Programmes：各種のレポート，ニュースレター，書籍の発行（すなわち「Digital News Project」）。

RISJは「GoogleはDigital News Initiativeを通じて『Digital News Report』作成を支援している。さらに，より広い『Digital News Project』の主たる財政支援者である」と述べており，高い信頼を寄せていることがわかる（RISJ [2019]）。「Digital News Report 2018」は日米英など主要37か国（欧州（24），南北アメリカ（6），アジア太平洋（7））について，国別に市民の従来型とオンライン型のニュース配信事業者の利用頻度，信頼度などを調査し，その比較結果をサマリー編で総括している（RISJ [2018]）。各国の選択された事業者には，全国規模の代表的なテレビ，新聞，ポータルサイトの具体名が並んでいるが，たとえば，日本編では，地方紙が「Regional or local newspaper」としてひとまとまりで扱われているとはいえ，大手全国紙の各社を押さえて，新聞では利用頻度のトップに入るなど，各国の特徴が表れており興味深い。

5.2 Facebookのジャーナリズム支援

Facebookは2017年1月に「Facebook Journalism Project」（FJP）を立ち上げ，「私たちは質の高いジャーナリズム活動をサポートします」と宣言した。この時期，Facebookへのフェイクニュース批判が高まっており，同社はジャーナリズムとの融和を模索していたが，元NBCの有名アンカーウーマンである

ブラウン（Brown, C.）をニュース・パートナーシップ部門のトップとしてスカウトし，その直後にFJPが発表されたという経緯がある。FJPは以下の3本柱から構成されており，メディア向けにさまざまな支援が提供された。

①ニュース製品の共同開発
②ジャーナリスト向けの訓練とツール
③読者向けの訓練とツール

しかし，業界誌のDigiday［2018］は2018年1月，FJPの1年後の成果を評価する記事において，FJPには賛否両論があり，「ビジネスモデルがパブリッシャーとは根本的に食い違っているプラットフォーム大手に期待できる協力は限られていると，パブリッシャーたちは実感している」と結論していた。そして，この記事と同月にFacebookが発表したニュースフィードのアルゴリズム変更には，ニュース外しの動きだとしてメディア側の懸念が高まった。これらの懐疑的な反応もあってか，Facebookは2019年1月になり，サポート対象を地域ニュースに絞り込み，Google（GNI）と同額の総計3億ドルを支援する計画を発表し，よりメディアと良好な関係を模索する道へと歩み出した。

Facebookは，全般的なジャーナリズム支援に先行して，2015年から，仏リベラシオン紙などと提携して，モバイル・アプリ内のコンテンツ・アクセス高速化の実験を開始し，2016年には一般公開を行うなど，技術的な支援を進めてきた。それに対抗して，GoogleもDNI施策の一環として，メディアのためにモバイル上のウェブ・アクセスの高速化ツールの開発プロジェクト「Accelerated Mobile Pages（AMP）」を進めている。これは，Facebookのニュース・フィードに対抗し，モバイル・ウェブの地位低下に歯止めをかけることが目的である。ここでは，自社ビジネス（検索サービス）の防衛のためにメディアを取り込もうとするGoogleの狙いが明白である。そして，Appleも自社モバイル機器の販売促進や顧客維持という別の動機からであるが，モバイル上のニュース・コンテンツ設計の高度化，容易化を目指す「Apple News Project」を2016年に開始している。

以上のように，Facebookの当初のメディア支援は，コンテンツ・アップロー

ド時のインタフェース改善など，技術的な面で展開されていた。そして，より広範なジャーナリズム支援施策は，GAFAの強大化に対する規制議論が活発化し，フェイク・ニュース批判が高まった2016年以降に本格始動していることが注目される。そのような施策は，Googleも含めて，最終的には広告主の囲い込みや，自社サービス利用の促進が主眼かもしれないが，Sehlら［2018］が提言するように，メディア側もポジティブな機会と捉えて諸施策を主導していくべきであろう。

6 プラットフォーマーと距離を置いたメディア独自のコンテンツ配信（競争１）

　メディアがプラットフォーマーに頼らずに，自社サイトの構築，運営，そして閲覧者や契約者の獲得を独自に目指す姿勢が強いほど，両者の競争・対立の程度は高まる。多くの新聞社は，今も記事の限定公開などの形で無料電子版の提供を継続している。そのような無料サイトであっても広告枠からの収入が得られるが，さらに安定的で継続的な有料契約型サービスに移行してもらうために，各社は限定的なフリー閲覧から全面的なプレミアム閲覧への移行という，いわゆるフリーミアム戦略を展開している。メディアにとって，現行の紙版の新聞顧客を，そのまま契約型のデジタル版に移行させて囲い込む戦略指向が強ければ強いほど，プラットフォーマーによるピック＆チューズ（つまみ食い）的な記事選択と引用に対する抵抗も強いであろう。

　しかし，先の電通統計（**図表４−１**）から明らかな通り，デジタル広告への移行が急速に進む中で，広告代理店としてのプラットフォーマーの存在はますます重要になっている。実際，GoogleはGNIを発表したリリースの中で，2017年に同社がメディア（パートナーと呼称）に総額126億ドル（1.39兆円）[6]を支払い，メディアのウェブサイトに月間100億クリックをもたらしたと明らかにしている。日本新聞協会［2019］が発表している同年の日本の新聞社（92社）の総売上高は1.71兆円であるから，それに迫る金額をもって，Googleは全世界のメディアに「貢献」したことになる。他方で，新聞社は記事ごとのアクセスランキングやソーシャルランキングを掲載することで閲覧数の向上を図るなど，

積極的なプラットフォーマー利用を進めており，両者の競争の程度は長期的には弱まっていくと考えるべきであろう。

なお，放送局とプラットフォーマーの「競争」に関しては，2010年代以降はNetflixやAmazon Prime Videoに代表される，オンデマンドやストリーミング型の娯楽系サービス分野で主に展開されており，本書の焦点である地域情報の配信とはフェーズが異なるため，本章での説明は省略する。

7 メディアとプラットフォーマーの対立を煽る企業戦略や政策・規制（競争２）

7.1 Facebookのニュースフィードのアルゴリズム変更

Facebookは2018年１月，「Bringing People Closer Together」と題する声明において，お気に入りのニュース等の表示と，知人・友人からの書き込みの表示について，より後者の比率を高める決定を発表した。この比率配分（アルゴリズム）の変更は，同社のメディアへの嫌気や消極姿勢を示すものであり，Facebook画面上からニュースを排除する動きではないかとの声が一部で上がった。以下，そのような懸念の例を紹介する。

ハーバード大学のジャーナリズム研究機関であるNiemanLabは，毎年末に翌年の世界のジャーナリズム動向を予想するエッセイ集，「Predictions for journalism」を発表している。2018年版の寄稿数は176本に達しており，執筆者はジャーナリスト，出版社エキスパート，有識者など多岐にわたる（NiemanLab [2017]）。そのうちの１本において，Nielsen [2017] は，2018年に大手プラットフォーマーはニュースには彼らが被るトラブルに値するほどの価値はないと考え，以下の２つの方向に歩み出すのではないかとの懸念を表明していた。

①ニュースの役割を縮小し，システマティックに他のコンテンツから分離する。
②プラットフォーム上に表示を認めるニュース機関の数を制限し，誰がその

機会を得るかを厳格に管理する。

平 [2018] は「Predictions for journalism 2018」の寄稿を取りまとめて，「2018年，メディアのサバイバルプラン」という記事を発表している。そこで平は，このNielsen寄稿について「フェイスブックのアルゴリズム変更は，まさに（Nielsenの）①の実装だ。今回の『ニュース排除』は，『ニュース』の扱いにほとほと嫌気がさしたフェイスブックによる"手じまい"とみることもできる」と解説している。

アルゴリズム変更から1年後の評価は定まっていない印象だが，「Predictions for journalism」の2019年版（NiemanLab [2018]）の中で，スタンフォード大学のクリスティン（Christin, A.）准教授は「Algorithm and the reflexive turn」という寄稿において，「メディアを含めて大衆のムードは明らかにアンチ・アルゴリズムだが，メディアは自らも閲覧者の追跡，閲覧状況のリアルタイム分析，SNSを使った配信など，深くアルゴリズムの世界に巻き込まれており，ジレンマに直面している。メディアはアルゴリズム批判から脱却して，社会の分断と誤情報を防ぐために，プラットフォーマーや他の関係者といかに協力するかを考えるべきである」と主張している。

7.2　欧州の映像系サービスにおけるプラットフォーマー規制

Facebookのアルゴリズム変更のように，事業者自身の取る戦略が対立を煽る可能性を秘める一方で，政府による新たなプラットフォーマー規制の中にも，同様の危惧を喚起するものがある。そのような規制は欧州で盛んに議論されているが，その一因はプラットフォームやデータをめぐる米欧間の覇権争いだとの見方もある。本章では冒頭，EUでは放送系サービス（「オーディオビジュアル・メディア・サービス（AVMS）」）には事前規制が存在するが，それ以外のオンライン・コンテンツとプラットフォーマーの行為には，EUは基本的に事後規制のみで対処してきたと説明した。より詳細に述べると，EUはAVMSを番組表に沿って放送される「リニアー・サービス」と，番組カタログから自由に選択して視聴するオンデマンドの「ノンリニアー・サービス」に区分して，リニアーに対する規制をより厳しくする非対称規制を維持してきた。しかし，

2018年11月に合意された改訂AVMS指令において，EC［2019］は，以下のようなノンリニアー（オンデマンド）への規制拡張があったと説明している。（以下は筆者抜粋）

- 発信国原則の強化―テレビ放送とオンデマンド・サービスについて，どの国の規制が適用されるかをより明確にし，同一の手続きを適用。
- 迫害的コンテンツからのマイノリティ保護を拡充―テレビ放送，オンデマンドに関係なく保護を適用。ビデオ共有プラットフォームについても，マイノリティ保護の適切な施策を導入。
- AVMS指令のビデオ共有プラットフォームへの拡大―ビデオ・コンテンツ提供がプラットフォームの重要な機能として提供されている場合には，その上で共有されるUGC（ユーザー作成コンテンツ）にもAVMS指令を適用。
- ヘイトスピーチやテロリスト攻撃への規制強化―規制はビデオ共有サイトにも適用。
- 欧州作品の促進―オンデマンドのカタログの少なくとも30％を欧州コンテンツとする。

　以上は，表向きは消費者や業界の権利保護であるが，実際には，Netflixに代表される米国系の映像プラットフォーマーの勢いを削いで，欧州系のメディアやプラットフォーマーを育成したいという保護主義的な側面もある。それは，欧州作品の番組カタログにおける割合の規定などに顕著である。このようなオンデマンド・サービスへの規制拡大の一部は，「欧州vs.米国」という地政学的な対立のみならず，「メディアvs.プラットフォーマー」というレイヤー間の対立を増大させる可能性も秘めている。

7.3　欧州のデジタル・コンテンツ著作権の処理をめぐる　　　プラットフォーマー規制

　EUでは，メディアの「非」映像系コンテンツや，そのプラットフォーム上における処理であっても，純粋に事後規制のみが適用されるだけではなく，著

作権法などの一般法規類が事前に事業者の行為を律してきた。2019年4月に成立したEUの著作権指令の改訂は，その作業が大詰めを迎えた2018年後半時点で，同指令の改訂案の第11条に規定された，プラットフォーマーが新聞，雑誌などのニュースや記事のリンクや要約を掲載する際の許諾や収入配分をめぐって，指令案の当初提案を行ったEC，それを共同審議しているEU理事会[7]，そして欧州議会の3者の意見（修正改訂案）が，いくつかの点で大きく異なっていた。

　まず，プラットフォーマーがどのような形態の引用であれば，メディアから許諾を得る必要があるのかという点について，当初のEC提案では「デジタル出版物の全体を引用した場合」と緩やかであったが，欧州議会の修正案は「単純なハイパーリンクの貼付を除く，その他のすべての場合」と厳格化された。また，その許諾の有効期間をECは20年，EU理事会は1年，欧州議会は5年と主張して相違が極めて大きかった（2年で決着）。さらに，許諾を得るだけでなく，プラットフォーマーの支払いについて，ECとEU理事会は「不要」との立場を取ってきたが，欧州議会は2018年9月12日の全体会議の投票において，収入配分を含む修正案を圧倒的多数（賛成438，反対226，棄権39）で可決し，世界を驚かせた。EUの対応は「米国系プラットフォーマーの狙い撃ち」という報道が見受けられるが，EUの流れが世界的に広まることを懸念する見解も多数ある。いずれにせよ，欧州（EU）が対米国，対プラットフォーマーの姿勢で一枚岩でないことが示された格好である。

　リンク税はポジティブな結果をもたらさないという教訓を，欧州は過去に経験している。リンク税ライクな措置は，Googleを対象として2013年にドイツ，2014年にスペインが導入した。しかし，反発したGoogleがリンクを止めた結果，両国の当該出版社のアクセス数が減少し，リンク税も入らないという皮肉な結果となった。Google税騒動と呼ばれるエピソードであるが，Win-Win関係の創出を支援すべき法規制がLose-Lose関係を招いてしまったのである。

　上記のドイツ，スペインの例では，皆が敗者となったが，リンク税のような金銭的規制の価格決定には困難を伴う。一律の金額を義務づけたならば，よりポピュラーな大手メディアの記事ばかりがプラットフォーマーに選好されるかもしれない。そうではなく，当事者間の交渉による決定に任されたならば，中

第4章　グローバル・プラットフォーマーとメディア・ローカリズム　81

小出版事業者の交渉力が大手よりも劣る結果，やはり市場原理のもとで地域情報の発信者の影がネット上から薄くなってしまうかもしれない。以上のように，リンク税はメディアの収益向上に資するか否かという単純な話ではなく，メディアとプラットフォーマーの対立を増進する可能性の高い問題なのである。さらには，メディア業界内の格差を広げ，結果的に中小事業者がますます弱体化し，地域情報の発信が細る危険性があることを念頭に置いておかなければならない。

8　プラットフォーマーによる地域情報配信の支援

第5節で論じた通り，GoogleとFacebookのメディア支援は基本的にジャーナリズム全体を対象としたものであったが，Facebookは2019年1月，地域情報の発信分野に比重を移す方針に転じた。そこで，両社の同分野における施策の内容や規模の違いを対比してみたい。もし，Facebookの地域情報重視の動機や理由が明らかになれば，プラットフォーマーと地域メディアの今後の協調を考える上で参考となるだろう。

8.1　Googleの地域情報発信の支援

前出のGoogleの「Digital News Innovation Fund Report 2018」によれば，GNIの一環であるDNI 基金全体の規模は，欧州29か国で461プロジェクト，総計9,400万ユーロであり，主なプロジェクトの内訳は**図表4－6**の通りである。

ハイテク巨人のGoogleだけに「新技術開発」への支援額が最も大きいが，そ

図表4－6　GoogleのDNI 基金の供出の内訳

主なプロジェクト（PJ）	対象PJ数	支援金額（万ユーロ）
フェイクニュース対策	31本	510万ユーロ
地域情報発信	50	1,320（約16.5億円）
デジタル収入増進策	49	1,180
新技術開発	108	2,150
上記合計	238本	5,160万ユーロ（約64.5億円）

注：1ユーロ＝125円で換算。

82 第Ⅰ部 地域メディアの新たな潮流

図表4－7 GoogleがDNI基金で支援した「地域情報発信」の代表例

対象事例	国	支援金額 （万ユーロ）	活動内容
The Bureau Local	英国	60	ジャーナリストと技術専門家が協業して，地域コミュニティの話題を発信する非営利ネットワーク
Local News Engine	英国	5	ローカルデータから潜在ニュースを生み出すアルゴリズム開発（すでにGitHub[8]経由で利用可能）
La Voz de Galicia	スペイン	35	ジャーナリストが地方読者に関係する話題を発信可能にするプロジェクト
Tagesspiegel LEUTE	ドイツ	55	ベルリン郊外の12地域の加入者にデジタル地域ニュースを提供

出所：Google「Digital News Innovation Fund Report 2018」。

れに次ぐのが「地域情報発信」である。同プロジェクトの説明は「地域の小規模な出版事業者がデジタル空間で，より大きな声をあげられるイノベーションの活用」となっている。**図表4－7**はGoogleが同レポートで取り上げている4事例の概要である。

　これを見る限りでは，GNIの中で，地域情報発信プロジェクトが重要な位置を占めているのは間違いないが，そこに投じられている金額は，GNI資金総額の年間換算額（1億ドル）の15％程度に過ぎない。また，支援が欧州プロジェクトのDNI基金中心であり，同地域に集中しているのも特徴的である。

8.2 Facebookの地域情報発信の支援

　Facebook は2019年1月，地域ニュースの支援を拡大すると発表した。同社はその理由について，ジャーナリズム関係者に質問を投げかけたところ，利用者は地域ニュースが増えることを望んでおり，そのために地域報道体制への支援が望ましいという答えが多かったからだと説明している。発表文には，市民が地域ニュースに接する機会が増えると，社会活動が活発化するという調査があると述べられている。

　そのような相関関係は，業界誌のWired［2018］が，米国オークランド市の地方新聞の苦境を追った記事「ローカルジャーナリズムの死と『民主主義の衰

退』」の中にも記述がある。同誌は，ポートランド州立大学のシェイカー（Shaker, L.）教授による，地方紙の廃刊が地域コミュニティに与える影響を分析した論文（Shaker［2014］）を紹介しているが，その結論は「観察期間中の2008〜2009年に地方紙の廃刊があったシアトル市とデンバー市では，そうではない他の主要20都市では見られないような，社会参加への落ち込みが統計的に立証された」というものである。

Facebookは，約1年前の2018年2月から，地域新聞社のデジタル購読促進を支援する，短期的で小規模な試験的プログラム（3か月で300万ドル）を開始していた。そのことは，今回の発表でも「2018年に米国で開始したアクセラレーター・パイロットプログラムを拡大して，サブスクリプションとメンバーシップのモデルに関する支援を地域報道部に提供します。今年は米国内で同プログラムを継続し，欧州を含む世界中にこのモデルを展開するために，2,000万ドルの拠出を約束する予定です」と言及されていた。

Facebookは支援の2本柱として，「地域ニュース担当のジャーナリストと報道部の取材に必要な支援を行うこと」，そして，「地域報道機関が持続可能なビジネスモデルを構築するために，Facebookとの連携やその製品利用を通じて支援を行うこと」を挙げている。社会参加の落ち込みは人々の交流を停滞させるが，それはコミュニケーション媒介ツールとしてのFacebook利用の根幹を揺さぶるという思いもあるだろう。同社は3年間で3億ドルの出資先の事例を6ケース紹介しているが，特定のメディア企業への直接的な支援ではなく，既存の基金や財団への出資が中心である。その内容は，ジャーナリストの研修や配置に関するものもあれば，地域ニュース関連の技術開発拠点の設立支援など多彩である。ただし，それらのケースの出資額合計は1,500万ドル程度であり，巨額の出資総額（年間換算で1億ドル）の全体像はイメージがつかみ難い。

Facebookの支援にはさまざまな評価が寄せられているが，全面的な称賛や批判は少なく，その中間の声が多い。すなわち，Facebookがメディア支援の姿勢に転じたことや，資金的な支援を行うことを評価する一方で，その金額は中途半端であり，地域メディアを救済するには不十分であるとの指摘である。しかし，Facebookが苦境に喘ぐ米国，欧州，他の国々の地域メディアの赤字補塡を全面的に行えるはずもなく，それは支援される側にとっても補助金によ

る延命であり好ましいものではないだろう。今後，Facebookの本気度が長期的に維持され，投じた金額がレバレッジの効いたコスト効率の高いものだとの評価が得られるかどうか，大いに注目される。

GoogleとFacebookのメディア支援に対して，「フェイクニュース批判をかわし，災い転じて自社の開発した支援ツールや製品を活用してもらうことが目的ではないか」とのシニカルな見方もあろう。しかし，仮にそうであっても，メディアが一致団結して交渉することにより，支援の方向性や使途に関して主導権を握ることは可能であり，メディア側の意見や方針の統一が重要である。

9 おわりに

本章では，メディアとプラットフォーマーの協調と競争の全体的な構造と現状を把握し，その個々の場面で導入された戦略，施策，規制の事例紹介と評価を行った。レイヤー構造下の情報通信分野では，広告を収入源とする無料・格安サービスをプラットフォーマーが提供することにより，広くコンテンツ事業者（音楽やゲームも含む）との間に緊張感が存在してきた。特に，メディアとの関係はエンドユーザーのみならず広告主の奪い合いも絡むため，対立の構造は根深いものがある。しかし，メディア側にはデジタル・コンテンツのオンライン配信が不可避であるとの意識が芽生え，他方で，プラットフォーマー側にはフェイクではない価値の高いコンテンツを求めるインセンティブが高まってきた。しかし，市場の二面性（多面性）という経済学的な特徴もあり，全面的な協調ではなく，競争と協調が入り乱れているのは，本章の事例で紹介してきた通りである。

経営学では，1980年代まで，市場の競争環境の分析に基づき最適な市場への参入を目指す競争優位の戦略論と，自社内部に保有する資源を最大限に発揮できる市場の開拓という資源ベース戦略論が互いの優位性を主張してきた。しかし，1990年代に入ると，自社の競争相手（敵）と補完的生産者（味方）は固定的なものではなく，環境に応じて敵・味方が入れ替わること，また，同じ相手との間で協調と競争が同時に市場の別の部分で展開されることを，Brandenburger and Nalebuff［1997］らがゲーム理論に基づき主張し始めた。彼らは競

争しながら協調する関係をCooperationとCompetitionを組み合わせた「Co-opetition」という造語で表現した。

そして、ある市場において、資本関係のないプレイヤーAとBは、市場を創出する際には補完的関係となり、市場を分け合う時には競争相手となるため、Aは状況に応じてBのポジションを変化させるように働きかけることが重要であると結論した。Co-opetition関係は、市場の二面性（多面性）の特徴が強く発揮されるレイヤー構造下の情報通信分野では特に顕著であり、同じ概念を言い換えた「FriendでありながらEnemyでもあるFre-nemy関係」という造語がしばしば使われる。Googleがモバイル事業者にAndroid OSを無料提供しながら、スマホ上のアプリストアで競争しているのが、Fre-nemyの典型的な事例である。

Co-opetition（Fre-nemy）の理論に基づけば、メディアがプラットフォーマーを競争相手と補完的生産者のどちらに位置づけるかは、メディア側の意思決定で決められそうに思われる。しかし、図表4-8で示したように、メディア側の一手を受け止めるプラットフォーマー側は、リンク税のような利害調整的な規制や、巨大化に伴う弊害を批判する世論への対応、そして、データ覇権をめぐる欧米の駆け引きという、自らコントロールの難しい多くの外部性の影

図表4-8　コーペティション理論に基づく、メディアとプラットフォーマーの関係分析

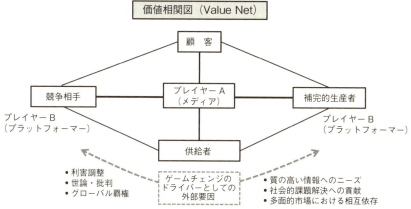

出所：Brandenburger and Nalebuff［1997］をもとに筆者作成。

響により，繰り出せる一手に大きな制約が出ている。そしてまた，メディア側の戦略の打ち手も，そのようなプラットフォーマー側の行動制約要素に左右される。まさにゲームのような駆け引きである。

　大手のプラットフォーマーは製造業や小売業と比べて，外部性の要因の数が多く複雑である。その理由は，①ビッグデータ時代のデータ流通において，プラットフォーマーの事業規模の巨大化と市場の寡占化に連れて，プラットフォーム層がボトルネック性や不可欠性を有しているとの認識が高まり，同層が規制産業化しつつあること，②プラットフォームが単にデータを「伝送」するだけでなく，その内容を自動的とはいえ閲覧し，さらには蓄積，利用することから，世論の危惧や批判を招きやすいこと，の2点が考えられる。

　プラットフォーマーと規制産業の典型である電気通信事業者を比較すると，①の規制根拠は両者に同様であるが，②は通信の秘密の保護を課されてきた電気通信事業者よりも，プラットフォーマーがより複雑で多様な懸念，批判に直面する場面が多い。GAFAクラスの人的，資金的リソースをもってしても，①と②の両方で同時進行する外部性をコントロールすることは容易ではない。以上の分析に鑑みると，相互依存が高まる多面的市場において，フェイクニュース対策としての質の高い情報へのニーズ，データ独占に対する批判への対応としての社会的課題解決への貢献など，プラットフォーマーにメディアと協調するインセンティブが高まっているのは間違いない。メディアもプラットフォーマーの行動制約要素を緩和する方向で協議を行うことにより，長期的なWin-Win関係の構築を目指す時期ではないだろうか。

《注》

1　プラットフォーマーは，日本では「ハイテク企業」，「IT企業」，米国では「Technology companies」など，さまざまな名称で呼ばれている。

2　欧州議会が2018年9月に採択した著作権指令改訂案には，EC提案にはなかった収入配分が盛り込まれた。それ以前の経緯については，井上［2017］に詳しい。

3　端末，ネットワーク，プラットフォーム，コンテンツ・アプリケーション層から構成される市場（総務省［2015］など）。

4　FranceinfoはFrance TVとRadio Franceが共同運営，Tagesschauは北ドイツ放送が番組を制作し，ドイツ公共放送連盟の加盟局が放映するチャンネルである。

5 2013年に設立された，米国全域の地域新聞社，放送局，デジタル・メディア企業の戦略
  的連携のための団体。加盟団体は75以上にのぼる。

6 1ドル＝110円で換算。

7 各国の主務大臣から構成される理事会であり，「電気通信閣僚理事会」とも呼ばれる。

8 ソフトウェア開発プロジェクトのためのソースコード管理サービス。

《参考文献》

Brandenburger, A. M. and Nalebuff, B. J. [1997] *Co-opetition* (1st ed.), New York, NY: Currency Doubleday（嶋津祐一・東田啓作（訳）[1997]．『コーペティション経営──ゲーム論がビジネスを変える』，日本経済新聞社）.

Digiday [2018]『Facebookジャーナリズム・プロジェクト，開始1年の評価：賛否両論のパブリッシャーたち』，Digiday［日本版］，2018年1月16日。

EC [2016] *COMMISSION STAFF WORKING DOCUMENT IMPACT ASSESSMENT on the modernisation of EU copyright rules* (3/3).

EC [2019] *Revision of the Audiovisual Media Services Directive* (*AVMSD*). (https://ec.europa.eu/digital-single-market/en/revision-audiovisual-media-services-directive-avmsd)（2019年1月29日閲覧）

Facebook [2019]『Facebookジャーナリズムプロジェクト』，同社ホームページ。(https://www.facebook.com/facebookmedia/solutions/facebook-journalism-project)（2019年1月29日閲覧）

Google [2018] The Google News Initiative: Building a stronger future for news, *Google Blog*, Mar. 20, 2018.

Google [2019]『Googleニュース イニチアティブ』，同社ホームページ。(https://newsinitiative.withgoogle.com/intl/ja/)（2019年1月29日閲覧）

Nielsen, R. [2017] The Snapchat scenario and the risk of more closed platform, *Predictions for journalism 2018*, NiemanLab, 2018, Dec. 2017.

NiemanLab [2017] *Predictions for journalism 2018*, Dec. 2017.

NiemanLab [2018] *Predictions for journalism 2019*, Dec. 2018.

RISJ [2018] *Digital News Report 2018*, Reuters Institute for the Study of Journalism.

RISJ [2019] *Digital News Report*, Reuters Institute for the Study of Journalism. (http://www.digitalnewsreport.org/)（2019年1月29日閲覧）

Sehl, A., Cornia, A. and Nielsen, R. K. [2018] Public Service News and Social Media, *RISJ*.

Shaker, L. [2014] Dead Newspapers and Citizens' Civic Engagement, *Political Communication*, Volume 31, 2014 - Issue 1, pp. 131-148.

Wired [2018]『ローカルジャーナリズムの死と「民主主義の衰退」──ある地方紙の運命に見たメディアの未来図』，Wired［日本版］，2018年1月2日。

井上淳 [2017]「EUにおける新聞等の発行者に対する著作隣接権の付与の動向について」，『情報通信学会誌』，Vol.35 No.3，41-50頁。

総務省 [2015]『平成27年版 情報通信白書』。

平和博 [2018]『フェイスブックがニュースを排除する：2018年，メディアのサバイバルプ

ラン（その3）』，ハフポスト Blog，2018年1月13日。

電通［2018］『「世界の広告費成長率予測」を発表』，電通ニュースリリース，2018年6月14日。

日経新聞［2018］『GAF「総取り」に暗雲 巨大化が警戒招く』，日本経済新聞社，2018年8月2日。

日本新聞協会［2019］『新聞社の総売上高の推移』，同協会ホームページ。(https://www.pressnet.or.jp/data/finance/finance01.php)（2019年1月29日閲覧）

博報堂 DY メディアパートナーズ メディア環境研究所［2018］『メディア定点調査2018』。

第Ⅱ部

海外における
地域メディアの現状と課題

90　第Ⅱ部　海外における地域メディアの現状と課題

第5章

英国：連合王国と地域放送メディア
―アクター・サービス・市場構造

上原　伸元

1　はじめに

　2014年のスコットランドの独立選挙や，1998年の北アイルランドの和平合意[1]に象徴されるように，英国は単一国家（unitary state）でありながら複雑な地域問題を抱える。こうした社会状況は放送メディアにも反映され，スコットランド（Scotland）やウェールズ（Wales）等の独自の歴史や文化を有する地域は，イングランド（England）とは異なる放送制度やサービスが実施されている。

　さらに2008年のリーマン・ショックに端を発する経済状況の悪化は英国の地域メディアにも波及し，地域メディアの社会的な役割が英国社会において改めて注目される契機となった。本章は，そうした英国の地域メディアの視点を基軸に連合王国（United Kingdom）としての英国の放送メディア市場を俯瞰する試みである。

　英国は地域を示す概念として，連合王国を構成する4地域のネーション（nation）[2]，大都市圏や広域地域[3]のリージョン（region），小規模の各市町村等のローカル（local）が混在するが，本章では地域の概念を具体的に提示する必要がある場合は各々の用語を，複数概念の混在や一般事情を説明する場合は，「地域」という用語を包括概念として便宜的に使用することとする。

2 英国の地域社会と放送メディアの概観

2.1 地域と社会状況をめぐる背景

　英国の正式名称のグレートブリテンおよび北アイルランド連合王国（United Kingdom of Great Britain and Northern Ireland）が提示するとおり，英国はイングランド，スコットランド，ウェールズ，北アイルランド（Northern Ireland）の４ネーションで構成される。しかし，制度的には米国のような連邦国家（federal state）ではなく，統合された単一国家であり，歴史的に異なる地域区分ごとに政治や行政制度に差異が設けられているのが現状である（山下［2015］，12頁；内貴［2016］，22頁）。

　歴史的には，16世紀にイングランドとウェールズが，18世紀にはスコットランドが，19世紀にはアイルランドが統合，さらに20世紀に入って南アイルランドが分離した後，現行の体制となった。そうした経緯から，ウェールズでは人口の24％がウェールズ語（Welsh）を，スコットランドでは人口の1.7％がスコットランド・ゲール語（Scottish Gaelic）を話し，北アイルランドでは人口の11％がアイルランド語（Irish）を，8.1％がアルスター・スコットランド語（Ulster Scots）をある程度理解する能力を有する（Ofcom［2017b］，p. 2）。

　なお，イングランドは国土面積の２分の１を占め，人口では８割と圧倒的な優位[4]にあり，それ以外のネーションの人口は各々国内総人口の１割にも満たない。したがって，英国の地域構造は，イングランド優位に対するウェールズやスコットランド，北アイルランドとの関係性，さらに各々の地域内におけるコミュニティ等との関係性ということになる。

　英国の地域放送メディアも，歴史や文化の独自性を有するネーション，広域のリージョン，各市町村等のローカルといった地理的区分に基づき，分類可能だが，リージョンとローカルは重複する場合も多く，その境界は必ずしも明確ではない（Ofcom［2009］，p. 20）。

2.2 放送メディア市場の概観

　英国の放送メディアは，諸外国同様に公共放送と商業放送の二元体制だが，商業放送も含めて放送の公共性を重視した公共サービス放送（Public Service broadcasting：PSB）という概念[5]が規定されている。英国の通信・放送分野の規制監督機関の通信庁（Office of Communications：Ofcom）は，毎年，『PSB年次報告書』（Public service broadcasting：Annual reports）を公表しており，パターナリズム（paternalism）的な色彩が濃いという特徴がある（Ofcom［2019］）。

2.2.1 全国テレビ放送の概観

　地上テレビ放送は，無料放送プラットフォームのフリービュー（Freeview）において標準画質（SD）70チャンネルに加え，高精細画質（HD）の13チャンネルが提供されている（Freeview［2018］）。

　主要放送事業者は，公共放送は英国放送協会（British Broadcasting Corporation：BBC）およびチャンネル4（Channel Four Television Corporation），商業放送はチャンネル3（Channel 3）およびチャンネル5（Channel 5 Broadcasting Ltd）である。

　公共放送のBBCの財源は受信許可料（licence fee）だが，1982年に放送を開始したチャンネル4は広告放送等の商業収入を財源とし，番組をすべて外部調達する編成特化型の放送事業者（publisher-broadcaster）である。高品質で革新的な新たな番組制作への挑戦が法的に義務づけられている。

　1955年に放送を開始した初の商業放送のチャンネル3は，15の地域放送免許[6]と朝食時の全国放送免許によって構成され，当初は各々異なる放送事業者が免許を保有していたが，M&Aの進展によって現在はSTVグループ（STV Group plc：STV）保有のスコットランド地域の2免許を除いてはすべてITV plc（ITV）が保有している（**図表5－1**）。

　1997年にサービスを開始したチャンネル5は，チャンネル3と異なり，単一の放送事業者だが，アナログ放送時には周波数割当が不十分だった関係で国内カバレッジが約70％にとどまり，開始当初から英国の地上テレビ放送事業者と

第5章　英国：連合王国と地域放送メディア　93

図表5－1　チャンネル3の免許保有事業者

放送局	資本系列	放送地域
Anglia ITV	ITV plc	イングランド東部
Border ITV	ITV plc	ボーダー
Central ITV	ITV plc	イングランド中部（東・西・南ミッドランズ）
Channel Television	ITV plc	チャンネル諸島
Granada ITV	ITV plc	イングランド北西部／マン島
London ITV	ITV plc	ロンドン（平日）
LWT	ITV plc	ロンドン（週末）
Meridian ITV	ITV plc	イングランド南部・南東部
STV Central	STV Group plc	スコットランド中央部
STV North	STV Group plc	スコットランド北部
Tyne Tees ITV	ITV plc	イングランド北東部
Ulster Television	ITV plc	北アイルランド
Wales ITV	ITV plc	ウェールズ
Westcountry ITV	ITV plc	イングランド西部・南西部
Yorkshire ITV	ITV plc	ヨークシャー／リンカンシャー
ITV Breakfast Broadcasting Limited	ITV plc	全国放送（朝食時）

出所：Ofcom［2019］。

しては初の衛星を利用したカバレッジを行っている。番組内容は米国の輸入娯楽番組等が中心で，資本関係では2014年に同社を買収した米バイアコムの海外事業部門（Viacom International Media Networks）の完全子会社である。

　衛星放送は，2018年10月に米コムキャスト（Comcast Corporation）が完全子会社化したスカイ（Sky plc）が有料衛星放送市場を独占[7]しており，その他にBBCとITVの合弁事業でデジタル移行後の地上テレビ放送のカバレッジ補完を目的に無料放送のフリーサット（Freesat UK Ltd）が2008年から放送を行っている。ケーブルテレビは，米リバティー・グローバル（Liberty Global plc）傘下のバージン・メディア（Virgin Media Inc.）が市場を独占[8]している。

2.2.2　全国ラジオ放送の概観

　ラジオ放送は，アナログ放送（AM，FM），デジタル・ラジオ放送（Digital Audio Broadcasting：DAB），フリービュー等のさまざまなプラットフォーム

を用いて提供され，アナログからデジタルに移行したテレビ放送と異なり，両者が併存している[9]。

アナログ放送の全国放送は，公共放送のBBCがAM 1 系統およびFM 4 系統を，商業放送のバウアー・メディア（Bauer Consumer Media Ltd）傘下のアブソリュート・ラジオ（Absolute Radio Ltd），ニューズ・コープ（News Corporation）傘下のトーク・スポルト（TalkSPORT）が AMで各々 1 系統を，グローバル・メディア（Global Media & Entertainment Ltd）傘下のクラシックFM（Classic FM）がFM 1 系統の放送を行っている（Ofcom［2018b］，p.67）。

DABの全国放送は，BBCが11系統，商業放送はマルチプレックス事業者（multiplex operator）[10]のデジタル・ワン（Digital One）が国内カバレッジ90％で14系統を，サウンド・デジタル（Sound Digital）が国内カバレッジ75％で20系統の放送を行っている。

3 地域向けテレビ放送サービス

英国の地域向け放送は，一般的な地域向け放送[11]と，歴史文化的な背景から少数言語を使用言語の基本とする放送に区分することができる。前者が地域に関する社会情報の伝達を主な役割とするのに対し，後者は地域に関する文化や言語の継承を主な役割としており，両者の役割は異なる。

3.1 一般放送

3.1.1 BBC

BBCのサービスは，基本法規の「特許状」（Royal Charter）と業務を規定した「協定書」（Agreement）に基づいており，地域向け放送も含めたさまざまな社会情報の提供は，市民の民主社会への参画を促すための重要な役割の 1 つと考えられている。

BBCの地域向け放送は，ウェールズ（BBC in Wales），スコットランド（BBC in Scotland），北アイルランド（BBC in Northern Ireland）についてはネーション・レベルの地方局が，イングランド（BBC in the English Regions）については，リージョン・レベルの地方局による放送体制が構築され

第5章　英国：連合王国と地域放送メディア 95

図表 5 - 2　BBCの地域番組の例

チャンネル	放送事業者	番組
ネーションの例		
BBC 1 Northern Ireland (and HD version) BBC2 Northern Ireland (and HD version)	BBC	*BBC Newsline* *Spotlight*（時事問題） *Hearts and Minds*（時事問題） *Stormont Today* *Let's Talk*（時事問題） *Féilte is fleadh*（音楽） *Give My Head Peace*（コメディ） *and others*
BBC 1 Wales/ Cymru (and HD version) BBC2 Wales (and HD version)	BBC	*BBC Wales Today* *Newyddion* *Pawb a'i Farn* *Pobol y Cym*（ドラマ） *Pawb a'i Farn*
イングリッシュ・リージョンズの例		
BBC 1 East BBC Cambridgeshire	BBC	*Look East*（east and west） News and Weather
BBC 1 East Midlands	BBC	*East Midlands Today* News and Weather

出所：Snapshot: regional and local television in the United Kingdomをもとに一部加筆，修正。

ている。

　BBCのテレビ放送は，総合編成の「BBC One」，教養・ドキュメンタリーの「BBC Two」，専門・文化番組専門の「BBC Four」，就学児童向けの「CBBC」，幼児向けの「CBeebies」，ニュース専門の「BBC News」，議会専門の「BBC Parliament」，スコットランド・ゲール語放送の「BBC Alba」の8チャンネル[12]が提供されているが，その中でも主要チャンネルの「BBC One」は最も視聴シェアが高く，3ネーションとイングリッシュ・リージョンズの各局が「BBC One」を中心にチャンネル内で地域番組を放送している[13]（Kevin [2015], p. 7）。

　番組内容は，3ネーションおよびイングリッシュ・リージョンズの双方共にニュース・時事番組等が中心だが，独自の歴史や文化を有する3ネーションはイングリッシュ・リージョンズよりも幅広い分野の番組制作が行われている（**図表 5 - 2**）。

96　第Ⅱ部　海外における地域メディアの現状と課題

2019年2月にはスコットランド向けに「BBC Scotland channel」が「BBC Two」[14]と「BBC Two HD」で新たに独立した放送枠として開始され，毎日19時から24時まで現代スコットランドをテーマにニュースから娯楽に至るまで幅広い内容の番組が放送されることになった。BBCの計画では放送番組の50％が新番組で，残り50％は再放送番組を予定しているという（BBC［2019g］；Dowell［2019］）。

　番組制作支出額における地域比較では，ロンドン制作が48.9％，それ以外の3ネーションおよびイングリッシュ・リージョンズ（ロンドンを除く）の制作が51.1％である。3ネーションおよびイングリッシュ・リージョンズの内訳では，イングリッシュ・リージョンズが32.9％，それ以外の3ネーションが18.2％（そのうち，スコットランドが9.1％，ウェールズが6.7％，北アイルランドが2.4％）となっている（BBC［2018］，p. 43）。

　BBCの主要制作拠点は，首都ロンドン（London）の他，スコットランド最大の都市グラスゴー（Glasgow）[15]，ウェールズの首都カーディフ（Cardiff），北アイルランドの首都ベルファスト（Belfast），イングランド北西部のサルフォード（Salford），南西部のブリストル（Bristol），中西部のバーミンガム（Birmingham）に置かれている。

3.1.2　チャンネル3

　商業放送のチャンネル3は地域放送免許で構成されているが，相互にネットワークを構築することで全国放送を行っている。1950年代から60年代にかけては，17の放送事業者が免許を所有していたが，サッチャー政権以降の規制緩和策でM&Aが進展し，2004年のカールトン（Carlton Communications）とグラナダ（Granada plc）の合併に伴うITVの設立によってITV優位が確定し，現在はITVが14免許を，STVが2免許を所有している。

　M&Aの進展前はロンドン・ウィークエンド（London Weekend Television：LWT），セントラル（Central Independent Television），グラナダ，ヨークシャー（Yorkshire Television：YTV）等の有力放送事業者が主に番組を供給してきたが，M&Aの進展に伴う合理化の結果，各地域に分散していた番組制作拠点の閉鎖や売却，地域ニュースの制作拠点の縮小等が進行している

第5章 英国：連合王国と地域放送メディア 97

図表5－3 チャンネル3の地域番組の例

チャンネル	放送事業者	番組
ITV1 Anglia ITV1 Anglia North ITV1 Anglia South ITV1 Anglia West	ITV plc	*ITV News Anglia* *Good Morning Britain* （ニュース番組）
ITV1 Granada	ITV plc	さまざまな分野の番組を提供。
STV（Central） STV Scottish TV East STV Scottish TV West	Scottish Media Group	*STV News* *Scotland Tonight*

出所：Snapshot: regional and local television in the United Kingdomをもとに一部加筆，修正。

（Kevin ［2015］，p. 13）。

　チャンネル3の免許事業者は「2003年通信法」（Communications Act of 2003）に基づき，PSBとしてのニュースを含む地域番組の放送が義務づけられているが，課される放送時間や放送内容は，各事業者の免許条件によって異なる。

　週あたりの放送時間で，3ネーションの免許事業者は5時間半以上（そのうちの4時間はニュース）の地域番組の放送を義務づけられている例が多いが，イングリッシュ・リージョンズは一部地域を除けば2時間半以上（そのうちの2時間15分はニュース）と義務負担は軽減されている（Ofcom ［2013］，pp. 25-27）。

　チャンネル3のテレビ放送は，総合編成の「itv」，若年層向けの「itv 2」，ライフスタイル番組中心の「itv Be.」，ドラマ中心の「itv 3」，スポーツ中心の「itv 4」，子供向けの「C itv」の6チャンネルの全国放送が行われているが，地域番組は「itv」や「itv HD」等で放送されている（Freeview ［2018］）。各放送事業者は，放送スケジュールを同期した地域放送枠で各々の地域に応じたニュース番組等を放送している（**図表5－3**）。

3.1.3　ローカルTV

　BBCとチャンネル3の地域放送は広域のリージョン・レベル（リージョナル放送）だが，通信・放送政策を所掌する文化・メディア・スポーツ省（Department for Culture, Media & Sport：DCMS）[16]は，2011年1月に「ローカ

98　第Ⅱ部　海外における地域メディアの現状と課題

図表5－4　ローカルTVの開始状況

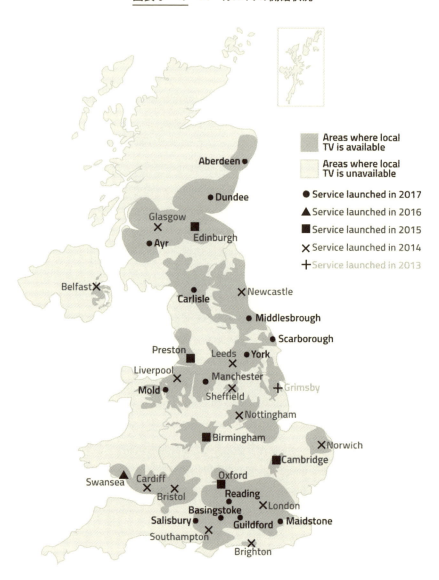

出所：Ofcom [2018]。

ル・メディア行動計画」（Local Media Action Plan）を発表，市町村等規模の
エリアを主な対象にローカルTV（local TV）の導入を発表した（DCMS
[2011]，pp. 4-5）。

ローカルTVは2013年11月から開始され，第1期募集（Phase One）の19チャ
ンネル，第2期募集（Phase Two）の15チャンネルの合計34チャンネルが提
供されている（**図表5－4**）。地上波による国内での世帯カバレッジは2018年
4月現在で51.2%だが，チャンネルの多くは衛星放送のスカイやフリーサット，
ケーブルテレビのバージン・メディア等を利用したマルチプラットフォームで
提供[17]されている。

英国の視聴率調査機関BARB[18]が34チャンネルのうちの17チャンネルを対象
とした視聴動向調査によると，週平均でローカルTVを3分以上視聴している
世帯は160万に上る（Ofcom［2018b］，pp. 62-64）。

ローカルTVの財源は商業収入と公的資金の混合で，2017年のケースでは，
その比率は広告収入が51%，BBC支出金が24%，非商業収入が7%，テレ
ショッピングが1%未満，その他の商業収入が18%となっている。

3.2 少数言語放送

3.2.1 S4C

チャンネル4のウェールズ地域版であるシェネル・ペドワル・カムリ（Sian-
el Pedwar Cymru ／ Channel Four Wales：S4C）は1981年に設立，1982年11
月に放送を開始した。S4Cの設立は，1970年代のウェールズ語普及運動の高ま
りを背景としており，サッチャー政権時の内相（Home Secretary）[19]のホワイト
ロー（William Whitelaw）がウェールズ語放送局の開設に反対した際には，
BBCの受信許可料の支払い拒否や，BBCおよび商業放送のハーレック（Har-
lech Television：HTV）のスタジオでの座り込みにまで発展した経緯がある
（Shipton［2009］）。

S4Cもチャンネル4同様に自社制作を行わない編成特化型の放送事業者で，
年間1,700時間を独立系番組制作会社から，520時間をBBCから調達しているが，
BBCは「1996年放送法」（Broadcasting Act 1996）の規定により，無料で週あ
たり10時間の番組提供が義務づけられている。

2016年の総放送時間は6,306時間で，財源はBBCの受信許可料[20]，DCMS補助金，広告収入等で，2017／2018年度のBBCの受信許可料が7,485万£，DCMS補助金が640万8,000£，広告収入等が189万£となっている（Ofcom［2017d］，pp. 37-38; S4C［2018］，p. 147）。

アナログ放送の時代には，ウェールズ語番組が放送されるピークタイム以外の日中や深夜はチャンネル4の提供する英語番組を主に放送していたが，デジタル移行後はすべての番組がウェールズ語で放送されている。

S4Cの規制監督は，Ofcomと協力しつつ，S4C庁（S4C Authority）が所掌し，委員はDCMS大臣によって任命される。カバレッジは，ウェールズ地域ではフリービューで，それ以外の地域は衛星放送のスカイやフリーサット，ケーブルテレビのバージン・メディア等のプラットフォームが利用されている。

3.2.2 BBC Alba

2008年8月，BBCがMGアルバ（MG ALBA）とパートナーシップを締結，同年9月より，スコットランド・ゲール語放送の「BBC Alba」が開始された。

MGアルバは「2003年通信法」に基づき設立され，多様で幅広い良質なスコットランド・ゲール語番組の放送およびその他の伝送手段を用いての提供を目的とする[21]。BBCとのパートナーシップ締結は，放送サービスを提供する上で最適な枠組みと判断したことによる（MG Alba［2018］，p. 52）[22]。

MGアルバの運営はOfcomの規制監督の下，スコットランド諸大臣（Scottish Ministers）[23]の同意を得て理事会（board）の委員が任命される。運営予算はBBCおよびスコットランド政府の支援を受けるMGアルバによって提供しており，2017／2018年度はBBCが1,170万£，MGアルバが1,100万£の支出となっている（MG Alba［2018］，p. 13）。

2018年の総放送時間は2,619時間で，番組内容別では娯楽番組等が602時間，ニュース／時事関連が189時間，スポーツ／レジャーが220時間，教育／教養／宗教が969時間，子供向けが639時間と，娯楽，教育系番組の割合が高い（BBC［2018］，p. 156）。

カバレッジはスコットランド地域ではフリービューで，それ以外の地域では衛星放送のスカイやフリーサット，ケーブルテレビのバージン・メディア等の

第5章　英国：連合王国と地域放送メディア 101

プラットフォームが利用されている。

4 地域向けラジオ放送サービス

アナログの地域放送は，BBCが46系統（AM26系統／FM46系統），商業放送事業者が286系統（AM51系統／FM235系統）を，その他にコミュニティ・ラジオ放送事業者が255系統の放送を行っている（Ofcom［2018b］, p. 67）。

地域DABは，商業放送事業者が408系統の放送を行っているほか，BBCも各地で地域DABを放送しているが，伝送は商業放送事業者のマルチプレックスを利用している。

4.1 地域アナログ放送

4.1.1 BBC

BBCは，ウェールズおよびスコットランドに各々1局，北アイルランドに2局，イングランドに39局を置局し，地域ラジオ放送（ネーションおよびローカル）を行っている。イングランドのローカル局のカバレッジは基本的にはカウンティ（county）[24]のレベルである（Ofcom［2009］, p. 31）。

各地域の放送時間の総計はイングランド（ロンドンを除く）が22万2,946時間，ロンドンが8,613時間，スコットランドが1万1,866時間，ウェールズが1万4,366時間，北アイルランドが8,639時間となっており，置局の多いイングランドの放送時間が突出している（BBC［2018］, p. 43）。

具体的なサービス内容に関しては，BBCウェールズは，トーク主体の総合編成の英語放送「BBC Radio Wales」およびトークおよび音楽主体のウェールズ語放送「BBC Radio Cymru」の2系統を放送しており，人口当たりの到達率（ウィークリー・リーチ）は前者が14.3％，後者が21.1％である。年間放送時間は，前者がニュース／時事問題（news and current affairs）が1,789時間，総合（general）が5,685時間で，後者がニュース／時事問題が1,295時間，総合が5,763時間となっている。

同様にBBCスコットランドも，トーク主体の総合編成の英語放送「BBC Radio Scotland」およびトークおよび音楽主体のゲール語放送「BBC Radio nan

Gàidheal」の2系統の放送を行っており，ウィークリー・リーチは，前者が19.2％，後者が61.1％である。年間放送時間は前者がニュース／時事問題が3,098時間，総合が5,429時間，後者がニュース／時事問題が656時間，総合が4,241時間となっている。

BBC北アイルランドは，共にトーク主体の総合編成の英語放送の「BBC Radio Ulster」および「BBC Radio Foyle」[25]の2系統の放送を行っており，ウィークリー・リーチは38％である。年間放送時間はニュース／時事問題が3,253時間，総合が5,114時間となっている（BBC［2018］，p. 160）。

BBCイングランド・リージョンズは39局がトーク主体の総合編成の「BBC Local Radio」を放送しており，ウィークリー・リーチは14.3％である。放送時間は総合で21万6,023時間となっている。

4.1.2 商業ラジオ放送

商業ラジオ放送は，当時の規制監督機関である独立放送協会（Independent Broadcasting Authority：IBA）が1973年に初の商業ラジオ放送免許を付与して以降，ローカル市場を中心に発展してきた。最初に免許を付与されたロンドン放送会社（London Broadcasting Company：LBC）とキャピタル・ラジオ（Capital Radio）の両放送事業者はロンドン地域のリスナーを主な対象に設立されている。

各放送事業者のカバレッジは多様で，免許付与の際に広域のカバレッジ・エリアを取得した事業者は，事実上のリージョナル放送を行っているが，法制度的に規定されているわけではない。逆に特定ローカル地域への特化や，人口過疎地域を広域にカバーする小規模事業者も存在する。番組内容は，BBCに比べてトークやニュース関連の割合は少なく，聴取者は商業ラジオ放送における最も重要なコンテンツは音楽と考えている（Kantar Media［2009］，p. 44）。

商業ラジオ放送市場は，M&Aの進展によってガリバー型寡占が進行しており，傘下のラジオ放送事業者数の比較では，グローバルが22％，バウアーが14％と合計で市場シェアの3割を超える（**図表5－5**）。2007年設立のグローバルは，同年にクリサリス・ラジオ（Chrysalis Radio）を買収，さらに翌2008年にGカップ・ラジオ・グループ（GCap Radio Group）を買収して規模を拡

図表 5 − 5　アナログ・ラジオ放送免許保有事業者数における市場占有率

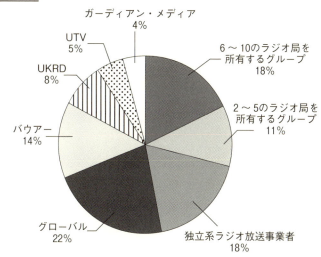

出所：Ofcom [2019]。

大，欧州の大手メディア企業のバウアーは，2008年に英国のEMAPラジオ（EMAP Radio）を買収して規模を拡大させてきた（Ofcom [2009], p. 31）。

現在，ラジオ放送は，高音質のサービス提供を目的にAMからFM，DABへの移行が進行しつつあり，コスト削減のためにAMの停波やサイマル放送の縮小が増加している（Ofcom [2018b], p. 66）。

4.1.3　コミュニティ・ラジオ

コミュニティ・ラジオは，半径5km以内をカバレッジとする非営利型の小規模ラジオ放送で，その目的は，市町村等の地理的区分のみならず，エスニック・グループや特定年齢層，宗教コミュニティ等の社会集団，またはその双方の混在も含むさまざまなコミュニティへの貢献にある。

2004年に免許制度が導入され，2005年11月に最初の放送局がサービスを開始した。局の運営に広告やスポンサーシップを充てることは可能だが，会計年度の収入で1万5,000£を超えることは規制されているほか，免許取得が可能なのは法人のみで，複数地域での免許所有や，商業ラジオ局とコミュニティ・ラ

104　第Ⅱ部　海外における地域メディアの現状と課題

ジオ局の同時所有も禁止されている。

　コミュニティ・ラジオは出演者によるトークの放送のみならず，コミュニティ内のリスナーを結びつけるインフラとして，リスナー自身による局の運営への参加が期待されている。各局は地元の制作番組を主体に週平均で93時間程度の放送を行っており，平均87名程度のボランティアが週平均で約209時間を局の運営に充てる形で関与している（Ofcom［2010］）。

4.2　地域デジタル放送（地域DAB）

　地域DAB（local DAB）のカバレッジは91％[26]で，各ネーションの比較では，イングランドが92.3％，スコットランドが85.4％，ウェールズが82.6％，北アイルランドが87.5％とイングランドの普及率が他の3ネーションに比べてやや高い（Ofcom［2018b］，pp. 67-69）。

　BBCは自身のマルチプレックスをすべて全国放送に振り向けているため，BBCの地域DABは，近隣の商業ラジオ放送事業者のマルチプレックスを利用して提供されている。したがって，商業ラジオ放送事業者が放送を行っていない地域やOfcomから免許が付与されていない一部地域ではBBCの地域DABは提供されていない（BBC［2019b］）。

　地域DABの普及拡大を背景に，BBCは2018年1月からの13局でのAM停波の予定に加え，7局[27]でのAM停波の実施，さらに3局でのAMカバレッジの縮小実施を発表するなど，ラジオ放送の主軸を音質に優れたFMとDABにシフトさせている（Ofcom［2018b］，p. 66）。

　商業ラジオ放送は，地域DABマルチプレックス免許（local DAB multiplex license）が55件付与されており，主要事業者としては，大手放送送信事業者のアキーバ（Arqiva Group Ltd.）の完全子会社ナウデジタル（NOWdigital Ltd）が23件の免許を保有するほか，大手ラジオ放送事業者のバウアー・デジタル・ラジオ（Bauer Digital Radio Ltd.）がイングランド北西部およびスコットランドを中心にカバレッジを提供している（BBC［2019c］）。

　合弁事業者の例では，アキーバとメディア・コンサルタント事業者のフォルダー・メディア（Folder Media）の合弁事業体のマックスコ（MuxCoLtd.）が10件の免許を保有し，イングランドやウェールズ各地でカバレッジを提供して

第5章　英国：連合王国と地域放送メディア　105

いるほか，グローバルとバウアーの合弁事業体のCEデジタル（CE Digital）
がロンドン，バーミンガム（Birmingham）およびマンチェスター（Manchester）でカバレッジを提供している（MuxCo［2019］）。

5 地域メディアの利用状況

5.1 地域紙も含めたメディア環境

　英国の地域放送メディアは，地域分割型の地上テレビ放送免許や少数言語放送，コミュニティ・ラジオやローカルテレビの導入にみられるように制度的には多様性が拡大しているが，メディア・ビジネスにおける市場占有率ではテレビ放送，ラジオ放送のいずれにおいても寡占が進行している。

　地域放送メディアと競合する地域紙に関しては，2009年のOfcomの報告によるとリージョナルおよびローカル[28]のレベルで約90社が約1,300紙（日刊紙：126紙／週刊紙：1,164紙）を発行しており，地域情報のチャンネル数で比較した場合，商業ラジオ放送の4倍以上の規模となっている（Ofcom［2009］, pp. 32-33）。

　ただし，地域紙の市場は米ガネット（Gannett）傘下のニュースクェスト（Newsquest）や，英ガーディアン・メディア・グループ（Guardian Media Group）等の大手5グループが題号の70％を占める寡占状況にある（Ofcom ［2009］, p. 9）。地域紙の業界団体である英新聞協会（Newspaper Society）の発表[29]では，地域日刊紙の平均発行部数は朝刊紙で5万7,922，夕刊紙で3万6,149であり，1972年以降，発行部数は減少傾向にあり，朝刊紙で年率約1.4％，夕刊紙で年率約2.9％の部数減で推移している。

5.2 地域ニュースへのアクセス手段

　地域情報の中で最も重要なコンテンツの1つである地域ニュースへのアクセスについては，Ofcomが各年で報告[30]を行っており，リージョナルおよびローカル・ニュースへのアクセスによく利用するメディアとしては，BBCテレビ放送の利用率が約50％の過半数に近く，次いでチャンネル3が30％以上を占め，

図表5－6 リージョナル／ローカル・ニュース取得の際によく利用するメディア

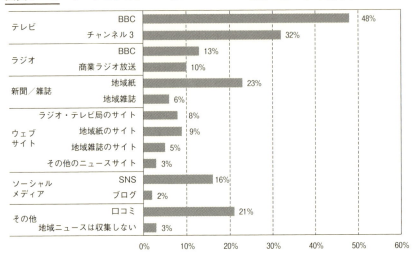

注：質問は複数回答可。
出所：Ofcom［2018］。

図表5－7 ネーション・ニュース取得の際によく利用するメディア

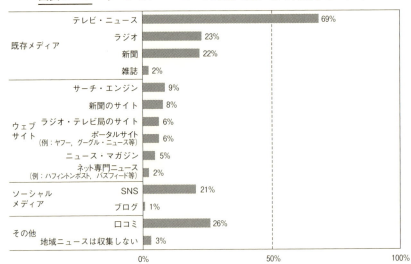

注：質問は複数回答可。
出所：Ofcom［2018］。

図表5－8　ネーション・ニュース取得の際によく利用する情報源

イングランド		スコットランド		ウェールズ		北アイルランド	
BBC One	43%	BBC One	47%	BBC One	53%	UTV	57%
ITV	23%	STV	44%	ITV Wales	34%	BBC One	40%
フェイスブック	13%	フェイスブック	15%	フェイスブック	16%	フェイスブック	20%
BBCウェブサイト	7%	The Daily Record（地域紙）	9%	BBCウェブサイト	9%	BBCラジオ（BBC Radio Ulster）	12%
BBCラジオ（ローカル・リージョナル各局）	6%	BBCウェブサイト	6%	BBCラジオ（BBC Radio Wales）	8%	Cool FM	10%

注：質問は複数回答可。
出所：Ofcom［2018］。

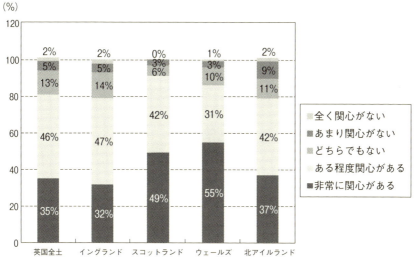

図表5－9　ネーションに関するニュースの関心度

出所：Ofcom［2018］。

テレビニュースが存在感を示している。その他のメディアでは新聞が23％，ラジオ放送（BBCおよび商業放送も含めて）はソーシャルメディアの16％よりも低い10％超，各ウェブサイトは10％未満となっている（**図表5－6**）[31]。

Ofcomは調査方法の変更に伴い，過去の報告書との単純比較に注意を促して

いるが，2016年の報告ではBBCテレビ放送が43％でチャンネル３が31％，新聞が17％でラジオ放送（BBCおよび商業放送も含めて）が10％以下，ソーシャルメディアは15％，各ウェブサイトは５％以下となっており，BBCテレビ放送のその後の伸張が目立つ（Ofcom［2018c］，p. 104; Ofcom［2017e］，p. 82）。

ネーションのニュースへのアクセス[32]に関しては，テレビが約70％，ラジオ，新聞，ソーシャルメディアが共に20％超で拮抗し，各ウェブサイトは10％にも満たない（**図表５－７**）。各ネーションにおけるプラットフォーム別では，イングランド，スコットランド，ウェールズのいずれにおいても「BBC One」の利用率が最も高く，次いでチャンネル３（ITV，STV，ITV Wales）が続くが，北アイルランドのみはチャンネル３（UTV）と「BBC One」の順位が逆転している。各ネーションとも，BBCやチャンネル３に次ぐのはフェイスブック（Facebook）だが，地域紙や商業ラジオ放送もよく利用されている（**図表５－８**）。

ネーションのニュースに関する人々の関心度は，ウェールズとスコットランドが突出しており，ウェールズでは「非常に関心がある」が55％，「ある程度関心がある」が31％で合計86％に，スコットランドでは「非常に関心がある」が49％，「ある程度関心がある」が42％で合計91％に達している（**図表５－９**）。

6　英政府の地域メディア政策

英政府の地域メディア政策は，情報通信技術の発展に伴うデジタル社会政策の一部に組み込まれ，2009年６月にはDCMSとビジネス・イノベーション・技能省（Department for Business, Innovation & Skills：BIS）[33]の共同報告書『デジタル・ブリテン』（Digital Britain）が地域メディアをめぐる課題に言及しているほか，2010年３月にはリーマン・ショック後の地域紙の経営危機を背景に英下院（House of Commons）も，報告書『ローカル及びリージョナル・メディアの未来』（Future for local and regional media）を発表しており，英国社会において地域メディアはその公共サービスとしての重要性が注目されている。

6.1 『デジタル・ブリテン』

2009年6月，通信・放送政策を所掌するDCMSとビジネス支援および科学技術政策を所掌するBISは共同で英政府のデジタル戦略を提示する『デジタル・ブリテン』の最終報告書（final report）[34]を発表した。

重点項目として，①availability（2 Mbps以上のブロードバンド環境の2012年までの整備），②affordability（低所得世帯に対するネット環境の整備），③capability and relevance（国民のデジタル社会参画への支援）を掲げ，メディア関連は，第5章「デジタル時代の公共サービス・コンテント」（Chapter 5：Public Service Content in Digital Britain）で主に言及している（DCMS [2009]，pp. 11-12）。

アナログからデジタル移行後の放送政策の基軸としては，①デジタル移行後のBBCの新たな役割，②BBCを補完するマルチメディア・公共サービスとしてのチャンネル4の役割，③公的資金を利用したその他のコンテンツ・ブランドの拡大，④ニュース以外で公的支援の必要性のあるコンテンツ分野の検討を挙げている（DCMS [2009]，p. 18）。

英政府は，同報告書においてBBCが公共サービス・コンテンツ・パートナーとして幅広い分野で多くのメディア組織と連携し，「デジタル・ブリテン」の実現に貢献することが必要だと言及しているほか，市場ベースで不十分なコンテンツの例として，ネーション，リージョン，ローカル・ニュースを挙げており，同分野におけるBBCのパートナーシップを歓迎するとしている。

関連分野の公共政策実現のための財源については，既存財源の中ではBBCの受信許可料が最も適しているとし，現行用途からの拡大に向けて広く意見を求める意向を示している。

その他，優先すべき課題として，ニュース・コンソーシアム（Independently Financed News Consortia：IFNC）によるオンライン系の多様なメディアおよびチャンネル3のニュース枠を利用した地域ニュースの提供を挙げており，IFNCはすでに時代遅れとなったチャンネル3の既存のニュース制作体制よりも費用対効果において優れ，地域ニュースの質の向上に貢献すると評価していた（DCMS [2009]，p. 20）。

110 | 第Ⅱ部 海外における地域メディアの現状と課題

IFNCに関しては，2009年11月にDCMSがスコットランド，ウェールズ，イングランド北西部のタイン・ティーズ／ボーダー（Tyne Tees/Border region）のチャンネル3の免許地域においてパイロット・プロジェクトを実施することを発表し，2010年3月には3地域のコンソーシアムも選出された。

スコットランドでは，スコティッシュ・ニュース・コンソーシアム（Scottish News Consortium）[35]が，ウェールズではウェールズ・ライブ（Wales Live）[36]が，タイン・ティーズ／ボーダーではニュース3（News 3）[37]がプロジェクトを担うことになったが，当初から野党の保守党が反対していた同計画は，2010年5月の政権交代に伴うキャメロン政権の成立によって政策優先順位が後退，2010年6月にDCMSは同計画の廃止を発表している（GOV. UK [2010]）。

6.2 『ローカル及びリージョナル・メディアの未来』

2008年9月の米証券会社リーマン・ブラザーズの経営破綻に端を発した金融不況は英国の新聞業界にも波及し，収入の8割を広告に依存する地域紙の経営に特に大きな打撃を受けた。リーマン・ショック以降，3,500名以上の記者・編集者が整理解雇され，約60紙が廃刊となり，政府や議会は地域メディアの救済策を探る検討を始めることになった（日本新聞協会［2009］，98頁）。

2009年3月，DCMSを監督する英国下院の文化・メディア・スポーツ委員会（Culture, Media and Sport Committee）は，景気後退やメディア環境の変化は新聞のみならず，ラジオおよびテレビ放送にも深刻な影響を与えるとして，リージョンおよびローカル・レベルの新聞，ラジオ，テレビ，ニューメディア事業者に関する調査[38]を開始した（House of Commons [2010a], p. 8）。

委員会の活動は，2010年3月に報告書『ローカル及びリージョナル・メディアの未来』として発表され，放送メディアに関しては，第3章「テレビにおけるリージョナル・ニュース」（3 Regional news on television）と第4章「ローカル・ラジオ」（4 Local radio）で主に言及している。

テレビ放送については，チャンネル3のリージョナル・ニュースの減少傾向がリージョナル・ニュースの多様性の維持を困難にさせるとし，ITVがPSBとして規定されるリージョナル・ニュースの放送義務を遵守できなくなりつつあ

る点に懸念を表明し，そうした理由からIFNCのパイロット・プロジェクトを支持するものの，関係機関による支援の不十分な状況での将来性は不透明だと指摘した（House of Commons [2010b], p. 71）。

また，BBCに関しては，BBCの規制監督を担うBBCトラスト（BBC Trust）[39]のマイケル・ライオン（Sir Michael Lyons）委員長（Chairman）による「BBCは他の放送事業者を支援する義務がある」とする発言を歓迎するものの，BBCはその具体策を示す必要があると同時に，そうした義務はBBCの特許状で規定すべきだと指摘，その一方で他の放送事業者の救済を目的とした公的介入や，BBCの支出金の用途拡大は支持しないと言明した。

ライオン委員長の発言の背景には，受信許可料＝BBCという図式に対する批判や，BBCが進める地域戦略の強化に対する商業放送事業者の反発を意識した他の放送事業者とのパートナーシップ構想があった（House of Commons [2010b], pp. 39-43）。

BBC，その他も含めたメディア・パートナーシップについてはリソースの共有や効率化の点では評価するが，ニュース・チャンネルの独占体制は受け入れられないとし，パートナーシップの構築よりも地域メディアの多様性の維持が優先されるべきであると強調した。

ラジオ放送については，ローカル市場における適正規模の維持が重要であり，同一地域内の小規模局の乱立は広告収入に悪影響を与えるため，望ましくないと指摘する一方，ハイパー・ローカル（小規模コミュニティ）のコンテンツを提供するコミュニティ・ラジオについては推進を支持した（House of Commons [2010b], p. 71）。

7 BBCのローカル・ニュース・パートナーシップ（LNP）

7.1 LNPの概観

2016年5月，BBCは地方紙の業界団体であるニュース・メディア協会（News Media Association：NMA）と，地域におけるニュース報道の支援を目的にローカル・ニュース・パートナーシップ（Local News Partnership：LNP）に

関する合意を発表した。LNPは，BBCと地域メディアの提携による地域報道の活動支援やジャーナリズムの質の向上，さらには地域の民主主義の維持を意図したものである（BBC［2019d］, p. 2）。

BBCとNMAのこうした取り組みは，BBCの存立根拠となる特許状の更新の際に将来のBBCのあり方を示す政府白書（white paper）として，DCMSが2016年5月に発表した「BBCの将来：卓越した放送事業者」（A BBC for the future：a broadcaster of distinction）で言及したローカル・ニュースの重要性とその危機，さらには白書の趣旨が反映された2017年1月発効の現行特許状に対応したものである（DCMS［2016］, pp. 73-74）。

LNPは具体的には，①ローカル民主主義報道サービス（Local Democracy Reporting Service：LDRS），②ニュース・ハブ（News Hub），③データ共有ユニット（Shared Data Unit：SDU），④コンテンツ監査（Content Audit）で構成される。

①のLDRSは地域議会やその他の行政機関等の報道を目的に，BBCの支出金を財源とし，地域メディアを取材拠点とする記者を新たに150名雇用，②のニュース・ハブはBBCの映像および音声資料の外部メディアに対する提供，③のSDUはBBCによる地域メディアからの出向者に対するデータ・ジャーナリズム研修の提供と地域メディアへの普及推進，④のコンテンツ監査は，BBCおよび地域メディアが共同で第三者機関に委託し，LDRS制作コンテンツの使用状況を調査するというものである。LNPの運営費はBBCの支出金で，現行特許状の有効期間中，年間800万£がLNPのさまざまな活動に充てられる（BBC［2019e］；Clifford［2018］, pp. 1-2）。

7.2　LNPの展開

BBCとNMAによるLNPの運営基準策定後の2017年5月にLNPは開始され，80以上のメディア・グループが参加，傘下の800以上の印刷，放送，ネット系の各メディアがLNPに含まれることになった。なお，LNPへの参加は開放されており，運営基準に合致するすべてのメディア組織の参加が可能である（BBC［2019d］, p. 2）。

LDRS記者は，2019年2月現在，新聞，放送およびネット系を含むニュー

ス・メディアを拠点に145名の記者がイングランド，スコットランド，ウェールズに配置されており，2019年中には北アイルランドにも配置され，体制が整う予定である。最初のLDRS記者は2018年1月にロンドン近郊のケント県（the county of Kent）で業務を開始し，2018年末現在で3万件の記事が共有されている（BBC［2019d］，p. 1; BBC［2019f］）。

ニュース・ハブについては2018年6月にBBCがイングランドのウェスト・ミッドランズ（West Midlands）とノース・ウェスト（North West）で開始した後，7月にはイングランド全域で，9月にはBBCスコットランドがデイリー・ニュースの映像提供を開始した。次の段階はその他のネーションも含むサービスの拡大であり，ラジオ用の音声ニュースの提供も含まれている（BBC［2019d］，p. 6）。

SDUについては，2017年11月以来，地域紙およびITVから6名の記者[40]がBBCに出向し，データ・ジャーナリズムの研修を受けている。SDUは毎年12名の外部ジャーナリストを受け入れる仕組みで，研修期間は12週である（BBC［2019d］，p. 6; BBC［2019f］）。

8 おわりに

地域メディアを基軸に英国の放送メディア市場を俯瞰した際に最も強い印象を受けたのはBBCの役割の大きさである。NHKのあまねく規定[41]に代表されるように公共放送の役割はユニバーサル・サービス的な印象が強いが，BBCは全国放送のみならず，地域放送における多彩なサービスに加え，他の放送事業者への支出金の拠出や，番組コンテンツおよびノウハウの提供，さらにはパートナーシップの構築に至るまでその役割と活動内容は幅広い。

こうしたBBCの役割は，受信許可料の用途をめぐる議論と連動しており，必ずしもBBCの主体的な取り組みの結果というわけではないが，逆の視点で考えると，市場経済に依拠した形での地域メディアのサービス提供は困難になりつつあり，公的介入という手段によって地域メディアのシステムを維持しているともいえる。

S4CやMGアルバに代表される少数言語放送の存在は国家統合を維持するた

めのツールであり，ローカルTVやLNPの設立は地域コミュニティにおける公共サービスの提供ということである。

　情報通信技術の発展に伴うメディア環境の変容により，既存メディアは今後，ますます困難な状況に置かれることが予想されるが，そうした環境変化の中で，公共サービスとしての地域メディアのあり方を検討することは非常に重要な政策課題であるように思われる。

《注》

1　英国からの分離とアイルランドへの併合を求めるカトリック系市民と，現状維持を希望するプロテスタント系市民が対立し，1960年代後半以降のテロの犠牲者は3,000人を超えた。

2　連合王国を構成するスコットランド（Scotland），ウェールズ（Wales），北アイルランド（Northern Ireland），イングランド（England）の4地域。

3　具体例としては，イングランドにおけるウェスト・ミッドランズ（West Midlands），イースト・アングリア（East Anglia）等の地方が挙げられる。

4　英国の人口は2017年末現在で約6,604万，そのうち，イングランドが約5,562万，ウェールズが約313万，スコットランドが約542万，北アイルランドが約182万である（National Statistics）。

5　PSBは公平で信頼性のあるニュースの提供，英国としての特徴を持つ良質な番組提供の義務を骨子とする。PSBと位置づけられるサービスは，BBCが公共サービスとして提供する全チャンネル，その他の事業者については，チャンネル3，チャンネル4，チャンネル5およびS4Cの主要チャンネルが対象となっている。

6　ロンドン地区は平日と週末で免許が分割されているため，厳密には14地域の15免許である。

7　2017年末現在，英国・アイルランドの加入者数は1,270万である（Sky at glance）。

8　2018年6月末現在，加入者数は590万である（Fact sheet VirginMedia）。

9　「2010年デジタル経済法」（Digital Economy Act 2010）により，アナログからデジタルへの移行が予定されているが，普及が不十分だとして先送りになっている。

10　英国の放送制度はハードとソフトが分離されており，デジタルチャンネル事業者，マルチプレックス事業者（チャンネル編成を運営），放送送信事業者によって構成される。

11　この場合，英語を使用言語の基本とする地域放送を便宜的に一般放送と呼称する。

12　若年層向けの「BBC Three」は2016年2月からインターネット上のサービスのみに移行した。

13　その他に「BBC Two」や「BBC One HD」，「BBC Two HD」でも地域番組が放送されている。

14　カバレッジには，ウェールズ地域ではフリービューで，それ以外の地域は衛星放送のス

カイやフリーサット，ケーブルテレビのバージン・メディア等のプラットフォームが利用されている。

15 スコットランド最大の都市で国内人口では第4位の都市である。なお，スコットランドの首都はエディンバラ（Edinburgh）で，人口はグラスゴーに次ぐ。

16 2017年7月にデジタル・文化・メディア・スポーツ省（Department for Digital, Culture, Media & Sport：DCMS）に改組された。

17 2017年末現在で34チャンネルのうちの24チャンネルがマルチプラットフォームで提供されている。

18 Broadcasters' Audience Research Board（BARB）は非営利のテレビ視聴動向調査組織で1981年に設立。BBCやITV等の主要放送事業者が出資，運営している。

19 放送政策は1974年から内務省（Home Office）が所掌し，1992年に新設の国民文化省（Department of National Heritage：DNH）に移管，DNHは1997年に文化・メディア・スポーツ省（Department for Culture, Media and Sport：DCMS）に改組した。

20 政府決定により，2013年よりBBCの受信許可料がS4Cに支出されることになった。

21 MGアルバは，ゲーリック・メディア・サービス（Gaelic Media Service／Seirbheis nam Meadhanan Gàidhlig）の事業名である。

22 MGアルバは「BBC Alba」以外にも，「BBC Alba」向けに才能ある映像制作者の発掘を目的に短編映画コンクールの「FilmG」や，スコットランド・ゲーリック語の学習サイト「LearnGaelic」を運営している。

23 スコットランド政府の首席大臣，閣内大臣およびスコットランド法務官を総称して「スコットランド諸大臣（Scottish Ministers）」と呼称する。

24 カウンティ（county）は日本の県に相当する広域自治体。

25 「BBC Radio Ulster」は北アイルランドの広域を対象にベルファストから，「BBC Radio Foyle」は，北アイルランド北西部を対象にロンドンデリーから放送を行っている。

26 全国放送用DABではBBCが97.4％，デジタル・ワンが91.7％，サウンド・デジタルが77％で，新興のサウンド・デジタルよりはカバレッジ率が高いものの，全国放送に比べると若干低い水準となっている。

27 サリー（Surrey），サセックス（Sussex），ハンバーサイド（Humberside），ケント（Kent），リンカンシャー（Lincolnshire），ノッティンガム（Nottingham），ウィルトシャー（Wiltshire）の7局でAMを停波したほか，デヴォン（Devon），ランカシャー（Lancashire），エセックス（Essex）の3局でAMカバレッジを縮小した。

28 朝刊および夕刊紙，週刊紙，日曜紙，隔週刊，月刊を含める。

29 数値は2009年4月現在。英新聞協会（Newspaper Society）は，2014年11月に新聞発行者協会（Newspaper Publishers Association）と合併し，ニュース・メディア協会（News Media Association）に改称。

30 Ofcomは2017年を除き，2013年以降の毎年の報告書を発表。

31 調査はOfcomが2017年〜2018年にかけて実施（2,188名を対面インタビューで，2,430名をオンライン・インタビューで調査）。

32 データは，スコットランド，ウェールズ，北アイルランドの総計でイングランドは除く。

33 ビジネス・イノベーション・技能省（Department for Business, Innovation & Skills）は，

116　第Ⅱ部　海外における地域メディアの現状と課題

エネルギー・気候変動省（Department of Energy and Climate Change）と統合し、2016年7月にビジネス・エネルギー・産業戦略省（Department for Business, Energy & Industrial Strategy）に改組された。

34 中間報告書（interim report）は2009年1月に発表している。

35 大手新聞社のジョンストン・プレス（Johnston Press）およびヘラルド&タイムズ・グループ（Herald and Times Group），新聞・出版社のDCトムソン（DC Thomson），番組制作会社のティノポリス（Tinopolis）で構成。

36 北アイルランドのチャンネル3事業者のアルスターテレビ（UTV）と，ウェールズの地域紙のNWNメディア（NWN Media）で構成。

37 大手新聞社のトリニティ・ミラー（Trinity Mirror），通信社のPA（Press Association），番組制作会社のテン・アルプス（Ten Alps）で構成。

38 委員会は7回の公聴会（oral evidence session）を開催し，63件の意見書（written submission）を受理，さらに同年7月には通信社のプレス協会（Press Association：PA）やITV等の関係機関の訪問に加え，ヨーク市（York）で地域メディア関係者および一般市民も参加する公開ミーティングも行った。

39 現行特許状への更新に伴う制度変更により，BBCの規制監督は2017年4月にBBCトラストからOfcomに移管された。

40 具体的には地域紙のアーチャント（Archant），ジョンストン・プレス（Johnston Press），リーチ（Reach）および放送事業者のITVの記者である。

41 日本放送協会の通則として「放送法」第15条で「協会は，公共の福祉のために，あまねく日本全国において受信できるように豊かで，かつ，良い放送番組による国内基幹放送……」と規定。

《参考文献》

日本新聞協会［2009］『日本新聞年鑑'09-'10』電通。

内貴滋［2016］『英国地方自治の素顔と日本』ぎょうせい。

山下茂［2015］『英国の地方自治』第一法規。

British Broadcasting Corporation（BBC）［2018］*BBC Annual Report and Accounts 2017/18*, British Broadcasting Corporation.

British Broadcasting Corporation（BBC）［2019a］'A new era for public service reporting', *Local News Partnerships*, British Broadcasting Corporation 〈https://www.bbc.co.uk/lnp〉（last accessed on 28 February 2019）

British Broadcasting Corporation（BBC）［2019b］'BBC DAB local radio', *Help Receiving TV and Radio*, British Broadcasting Corporation 〈https://www.bbc.co.uk/reception/digitalradio/dab_local〉（last accessed on 28 February 2019）

British Broadcasting Corporation（BBC）［2019c］'BBC Nations DAB radio', *Help Receiving TV and Radio*, British Broadcasting Corporation 〈https://www.bbc.co.uk/reception/digitalradio/nations_dab〉（last accessed on 28 February 2019）

British Broadcasting Corporation（BBC）［2019d］*Local News Partnerships Annual Review*

第5章 英国：連合王国と地域放送メディア 117

2017/18, British Broadcasting Corporation.

British Broadcasting Corporation (BBC) [2019e] 'Local News Partnership', *Inside the BBC*, British Broadcasting Corporation ⟨https://www.bbc.co.uk/corporate2/insidethebbc/howwework/partnerships/localnews⟩ (last accessed on 28 February 2019)

British Broadcasting Corporation (BBC) [2019f] *Local News Partnership*, British Broadcasting Corporation ⟨https://www.bbc.co.uk/lnp⟩ (last accessed on 28 February 2019)

British Broadcasting Corporation (BBC) [2019g] 'The new BBC Scotland channel launches on Sunday 24th February at 7pm', *Help Receiving TV and Radio*, British Broadcasting Corporation ⟨https://www.bbc.co.uk/reception/news/item219⟩ (last accessed on 28 February 2019)

Clifford, Jeremy [2018] *Local News Partnership: Annual Review*, News Media Association.

Department for Culture, Media & Sport (DCMS) and Department for Business, Innovation & Skills (BIS) [2009] *Digital Britain*, Department for Culture, Media & Sport and Department for Business, Innovation & Skills.

Department for Culture, Media & Sport (DCMS) [2011] *Local Media Action Plan*, Department for Culture, Media & Sport.

Department for Culture, Media & Sport (DCMS) [2016] *A BBC for the future: a broadcaster of distinction*, Department for Culture, Media & Sport.

Freeview / DTV Services Ltd [2018] *Freeview-Channel-Guide*, Freeview / DTV Services Ltd.

Dowell, Ben [2019] 'When does BBC Scotland launch? How can I watch? What programmes will air?', *Radio Times*, Immediate Media Company Ltd ⟨https://www.radiotimes.com/news/tv/2019-03-03/bbc-scotland-guide/⟩ (last accessed on 28 February 2019)

GOV.UK [2010] 'Measures to boost local media', *News and communications*, GOV.UK ⟨https://www.gov.uk/government/news/measures-to-boost-local-media⟩ (last accessed on 28 February 2019)

House of Commons: Culture, Media and Sport Committee [2010a] *The Work of the Committee in 2008–09: First Report of Session 2009-10*, The Stationery Office Limited.

House of Commons: Culture, Media and Sport Committee [2010b] *Future for local and regional media*, The Stationery Office Limited.

Kantar Media [2015] *Local Commercial Radio Content*, Kantar Media.

Kevin, Deirdre [2015] *Snapshot: regional and local television in the United Kingdom*, European Audiovisual Observatory.

MG Alba [2018] *Annual Report and Statement of Accounts 2017-2018*, MG Alba.

MuxCo [2019] 'DAB Information', *Navigate*, MuxCo ⟨http://www.muxco.com/dab-information/⟩ (last accessed on 28 February 2019)

Office of Communications (Ofcom) [2009] *Local and Regional Media in the UK*, Office of Communications.

Office of Communications (Ofcom) [2010] 'Community radio', *Manage your licence*, Office

118 第Ⅱ部 海外における地域メディアの現状と課題

of Communications 〈https://www.ofcom.org.uk/manage-your-licence/radio-broadcast-li-censing/community-radio〉 (last accessed on 28 February 2019)

Office of Communications (Ofcom) [2013] *Channel 3 and Channel 5: Statement of Programming Obligations*, Office of Communications.

Office of Communications (Ofcom) [2017a] *Communications Market: Digital Radio Report 2017*, Office of Communications.

Office of Communications (Ofcom) [2017b] *Communications Market Report: Northern Ireland*, Office of Communications.

Office of Communications (Ofcom) [2017c] *Communications Market Report: Scotland*, Office of Communications.

Office of Communications (Ofcom) [2017d] *Communications Market Report: Wales*, Office of Communications.

Office of Communications (Ofcom) [2017e] *News Consumption in the UK: 2016*, Office of Communications.

Office of Communications (Ofcom) [2018a] *Communications Market Report 2018*, Office of Communications.

Office of Communications (Ofcom) [2018b] *Media Nations 2018*, Office of Communications.

Office of Communications (Ofcom) [2018c] *News Consumption in the UK: 2018*, Office of Communications.

Office of Communications (Ofcom) [2019] 'Public service broadcasting (PSB) television', *TV, radio and on-demand*, Office of Communications 〈https://www.ofcom.org.uk/tv-radio-and-on-demand/information-for-industry/public-service-broadcasting〉 (last accessed on 28 February 2019)

Shipton, Martin [2009] 'History of S4C', *Wales Online*, Media Wales Ltd 〈https://www.walesonline.co.uk/news/wales-news/history-of-s4c-2117714〉 (last accessed on 28 February 2019)

S4C [2018] *Annual Report and Statement of Accounts 2017-2018*, S4C.

119

第6章

韓国：有料放送市場と
ケーブルテレビ地域情報の価値

趙　章恩

1　はじめに

　韓国では放送事業者と通信事業者の熾烈な競争の中で，放送圏域が崩れてきている。2002年に衛星放送，2008年にIPTV（インターネットテレビ）が登場し，2010年にスマートフォンが普及してから，地域性より普遍性を追求し，全国で同じコンテンツを視聴する環境に変わってきた。有料放送市場では地域性の高いケーブルテレビより全国で同じサービスを利用できるIPTVの加入者の方が多くなった。

　そのようななか，ケーブルテレビは2018年から「地域メディア」としての役割を充実に果たすことが競争力につながるとして「ケーブルテレビビジョン4.0」を発表した。各ケーブルテレビは2018年6月に行われた地方総選挙で全国放送を前提とする報道専門チャンネルや地上波放送では扱わない区長選挙，区議員選挙情報を集中的に扱い成果を残した。

2　韓国のメディア利用動向

2.1　韓国のテレビ放送産業構造

　韓国のテレビ放送産業構造は日本とほぼ同じである。大きく分けると無料で視聴できる地上波放送と月々利用料を払いセットトップボックス経由で受信する有料放送がある（**図表6-1**）。日本との違いは有料放送加入者数が多いこ

とである。

　韓国の放送政策を担当する省庁である放送通信委員会の調べによると，地上波放送直接受信（有料放送に加入せず地上波放送を視聴）率は2003年23.2％から2014年6.7％，2018年は5％程度にまで減少している。つまり全世帯の95％は有料放送に加入し，有料放送経由で地上波放送（リアルタイム再送信）を視聴しているということである。

　地上波放送は毎月受信料をもらう（韓国電力が毎月の電気代と一緒に徴収）公営放送のKBSと半公半民のMBC，KBSとMBCの地方局，教育放送のEBS，地域民間放送（ソウル地域はSBS，釜山地域はKNNなど10社），独立民間放送（地域民間放送とネットワークを組んでいない放送局）として仁川・京畿地域のOBSがある。地上波放送局は2017年5月より4K本放送を開始，ATSC3.0でモバイル放送や災害放送を行う計画である。2017年末にはKBS，MBC，SBS3社が共同で立ち上げた4Kテレビアプリサービスも始まった。サムスン電子またはLG電子の4K受信テレビを保有していて，地上波放送を直接受信する世帯だけが利用できる「TIVIVA」というアプリで，2018平昌冬季五輪では，地上波放送で中継しきれなかった全試合をTIVIVAから4Kで放映（アナウンサーの中継や解説がないまま）した。

　有料放送はケーブルテレビ，IPTV，衛星放送がある。

　1995年難視聴問題を改善するため地上波放送の再送信チャンネルを中心に始まったケーブルテレビは，全国を78圏域に分け，地域別に営業するようになっていた。2006年以降複数地域で営業できるようになってからケーブルテレビ会社の合併が始まり，現在はMSO（Multiple Systems Operator）と呼ばれる5社（CJ Hello，D'Live，T-Broad，CMB，Hyundai HCN）がほぼ全国をカバーしている。ケーブルテレビのチャンネルは地上波放送の再送信，テレビショッピング，プログラムプロバイダーと呼ばれる有料放送チャンネル（MSO別に216チャンネル前後提供），地域チャンネルで構成されている。地域チャンネルはケーブルテレビ会社が独自に制作した地域住民のための情報番組を放映するチャンネルである。放送法第70条第4項により，ケーブルテレビ事業者は地域チャンネルの運営が義務づけられている。地域チャンネルは該当地域に関する情報や自治体の案内事項以外の報道や特定事案に関する解説と論評は禁じられ

第6章 韓国：有料放送市場とケーブルテレビ地域情報の価値 　121

図表6-1　韓国の放送関連産業構造

出所：筆者作成。

ている。当初ケーブルテレビは放送圏域を78に分け，圏域ごとに事業者を置く方式だったため地域性が重視され，放送法によって地域チャンネルが義務づけられた。

　2002年に始まった衛星放送は通信キャリアKT系列のKT Skylife 1 社が独占運営している。2005年からは地上波放送の再送信も行っている。衛星放送は他の有料放送より高画質でより広い地域をカバーしているのが特徴だ。

　2008年放送通信融合時代を迎え多チャンネルマルチメディア放送を楽しむことを目的に始まったIPTV（インターネットテレビ）は通信キャリア3社（KT，SKブロードバンド・SKテレコム，LGU+）が運営している。IPTVは放送圏域を分けていないため全国で営業できる。IPTV加入者は全国どこに引っ越しても同じ会社のサービスを引き続き利用できることや，通信キャリアの他の商品とのバンドル割引で格安に利用できるのが特徴である。IPTVはケーブルテレビのような地上波放送再送信と多チャンネルサービスに加え，インターネット経由テレビの特徴を生かした双方向サービスに力を入れた。テレビから買い物ができるTコマース，銀行のオンラインバンキングをテレビ画面で利用できる

サービス，ポータルサイトでのニュースや天気予報の閲覧，カラオケ，テレビ新聞（PDF紙面提供），ゲームなど放送以外の付加コンテンツも利用できる。

2.2 メディア利用動向の変化

韓国統計庁の人口データによると，1990年から2005年までは全世帯に占める割合が最も多かったのは4人世帯だが，2006年から2010年までは3人世帯，2011年から2014年までは2人世帯，ついに2015年からは1人世帯が最も大きな割合を占めるようになった。2015年以降韓国では「ゼロテレビ時代」という言葉が流行った。スマートフォンやパソコンを使って，観たいときに観たい番組のビデオオンデマンド（VOD）や地上波放送局やケーブルテレビをインターネット経由で提供するサイマル放送を利用するだけで，自宅にテレビ受像機を持たない1人世帯が増えていたからである。

韓国言論振興財団［2018］によると，成人男女5,000人を対象に，週1度以上利用したメディアを調査したところ，2011年と2017年を比べると大きな変化があった（**図表6－2**）。モバイルインターネットの利用率は2011年の36.7％から82.3％に大幅に増加した。一方で，伝統的なメディアといえるテレビの利用率は97.6％から93.2％に，新聞は44.6％から16.7％に，ラジオは34.6％から16.7％に，雑誌は13.9％から3.5％に，パソコンは64.7％から47.8％に減少した。テレビよりもモバイル，スマートフォンがメディアの中心になりつつある。

図表6－2　週1度以上利用するメディア

媒体	2011年	2017年
テレビ受像機	97.6％	93.2％
モバイル	36.7％	82.3％
PC	64.7％	47.8％
メッセージングサービス	71.2％（2016年）	66.2％
SNS	47.6％（2016年）	45.4％
新聞	44.6％	16.7％
ラジオ	34.6％	16.7％
雑誌	13.9％	3.5％

出所：韓国言論振興財団［2018］。

第6章　韓国：有料放送市場とケーブルテレビ地域情報の価値　123

図表6－3　2017年放送媒体利用調査

	2010	2011	2012	2013	2014	2015	2016	2017
ラジオ	2.0%	1.4%	0.8%	0.9%	0.5%	0.5%	0.4%	0.5%
新聞	2.0%	2.2%	0.9%	1.4%	0.9%	0.7%	0.6%	0.6%
PC・ノートパソコン			19.3%	12.9%	9.4%	7.1%	3.2%	3.4%
スマートフォン			24.3%	37.3%	43.9%	44.1%	55.5%	56.4%
TV	58.2%	60.0%	53.2%	46.3%	44.3%	44.1%	38.6%	38.1%

出所：韓国放送通信委員会［2018a］。

　韓国放送通信委員会が13歳以上の7,416人を対象に行った「2017年放送媒体利用調査」でも似たような結果が出ている（**図表6－3**）。生活に欠かせない必需媒体として選ばれたのはテレビではなくスマートフォンだった。2012年までは過半数が「最も重要な媒体」としてテレビを選んでいたが，2015年にはテレビとスマートフォンが同率になり，2016年からはスマートフォンが逆転した。

2.3　有料放送の成長と地上波放送の影響力低下

　テレビからスマートフォンへ利用媒体が変化していることは，放送産業にも大きな影響を与えた。テレビ番組をテレビで視聴するのではなく，スマートフォンから視聴する人が増えたことで，地上波放送局の影響力も減少し始めた。地上波放送の番組でも有料放送の番組でも，スマートフォンからでも観やすく面白ければ人気を集めるようになった。またスマートフォンから観たいときに観たい番組を観るという視聴スタイルが広がってから，地方でも首都圏の番組を視聴できるようになり，地上波の地方局やケーブルテレビの地域チャンネルに何かしら影響を与えるのではないかとみられていた。

　放送通信委員会が行っている「放送事業者の視聴占有率調査」は，テレビ視聴者の総視聴時間に占める特定放送チャンネルの時間の割合を表すもので，有

124 第Ⅱ部 海外における地域メディアの現状と課題

図表6−4 放送事業者の視聴占有率調査結果

	放送チャンネル	2016	2017
地上波	KBS 1・2	27.583%	26.890%
	MBC	14.982%	12.465%
	SBS	8.669%	8.661%
	EBS 1・2	2.000%	2.180%
総合編成PP	TV朝鮮系列	9.829%	8.886%
	JTBC系列	7.727%	9.453%
	ChannelA系列	6.624%	6.056%
	MBN系列	5.477%	5.215%
報道専門PP	YTN	2.160%	2.492%
	聯合ニュース	1.824%	2.187%
その他PP, SO・衛星放送の独自チャンネル	CJ系列	10.982%	11.000%
	T-Broad系列	2.656%	2.970%
	Dlive系列	1.722%	1.589%
	現代HCN系列	0.709%	0.832%
	CMB系列	0.045%	0.106%
	KT Skylife系列	1.162%	1.257%

出所：放送通信委員会［2018b］。

料放送のプログラムプロバイダー（PP）を含め271の放送事業者が運営する397チャンネルの視聴占有率を調査している（**図表6−4**）。2016年と2017年の結果を比較してみると，公営放送のKBSの視聴占有率が最も高いが，地上波放送は教育放送のEBSを除き占有率が減少した。その代わり，有料放送向けチャンネルであるJTBC，YTN，聯合ニュース，その他PP，ケーブルテレビの地域チャンネルの視聴占有は増加した。

　インターネット経由でスマートフォンから地域に関係なく好きなテレビ番組を視聴できるようになったこと，有料放送に加入する世帯が増えたことで，地上波放送の視聴占有率は減少し，有料放送のチャンネル，地域放送は視聴占有率が増加した。これは地上波放送でも有料放送でも地域チャンネルでも関係なく，面白い番組は視聴率を上げられる時代になってきたといえるだろう。

　また，視聴率が上がれば広告収入も増える。韓国放送広告公社の「2018年放

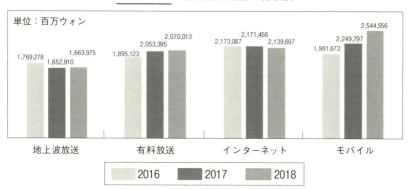

図表6－5　韓国放送通信広告規模

出所：韓国放送広告公社「2018年放送通信広告費調査報告書」。

送通信広告費調査報告書」によると，地上波放送の広告収入は減少傾向にあるが，有料放送とモバイル向け広告は増加し続けている（**図表6－5**）。また，地上波放送と有料放送の広告収入を足した放送部門の広告収入よりインターネットとモバイルの広告収入の方が大きいことも韓国の特徴である。テレビからモバイルへ，人もコンテンツも流れる傾向が強くなってきた。

3　有料放送の競争

3.1　IPTVとケーブルテレビの競争

　全世帯の約95％が有料放送に加入しているなか，有料放送のシェア争いも激しくなっている。2017年11月にはケーブルテレビとIPTVの加入件数が逆転した。2008年に始まったIPTVが1995年に始まったケーブルテレビを追い越したのだ（**図表6－6**）。

　ケーブルテレビとIPTVは，2008年に料金競争とチャンネル数競争，2010年にVOD提供時間競争（番組放映後数分でVOD提供開始），2012年にスマートフォン向けモバイル放送・動画アプリ競争，2014年に4K放送競争をしながら成長し，有料放送チャンネル（有料放送に加入している人しか受信できない

126 | 第Ⅱ部　海外における地域メディアの現状と課題

図表6-6　ケーブルテレビとIPTVの加入数

（万件）

	2008.12	2009.12	2010.12	2011.12	2012.12	2013.12	2014.12	2015.12	2016.12	2017.12	2018.06
CATV		1,529	1,509	1,478	1,480	1,474	1,461	1,373	1,389	1,404	1,394
IPTV	0	170	311	422	542	759	967	1,136	1,289	1,433	1,502

出所：科学技術情報通信部［2018］。

チャンネル）の視聴率も押し上げてきた。

　IPTVがケーブルテレビより人気がある理由としては，バンドル割引でインターネットや携帯電話などとセットで加入すると割引になり，ケーブルテレビと同じチャンネル数・画質でも料金が安いことや，テレビ番組や映画のVODが豊富なこと，携帯電話の月額料金に応じてモバイルIPTVやOTTサービスを無料で利用できる特典などが挙げられる。ケーブルテレビの場合は難視聴改善のため登場した地域別サービスだったこともあり，2018年末時点でも加入者の半数がアナログ放送のままで多チャンネルサービスより地上波放送再送信を重視するシニア層である。韓国放送通信委員会［2018a］によると，IPTV加入者の半数が基本料とVOD利用料などで月25,000ウォン以上（約2,500円）を支出しているのに対し，ケーブルテレビ加入者は集合住宅で管理費の一部として合算請求されるが，団体加入割引料金が適用され，月10,000ウォン以下（約1,000円）を支出していた。

3.2　IPTVとOTTの競争

　2016年Netflixが韓国に進出し加入者を順調に増やしていること，韓国の有料放送市場は飽和状態でありゼロテレビ時代で新規加入があまり見込めないこと

第6章　韓国：有料放送市場とケーブルテレビ地域情報の価値　127

図表 6 - 7　通信キャリア 3 社の2017年売上増減率（前年比）

通信キャリア	移動通信売上	IPTV売上
KT	2.3％減少	9.4％増加
SKテレコム	7.1％減少	25.8％増加
LGU+	2.8％減少	12.5％増加

出所：各社ホームページ。

から，グローバルOTTと競争するためには企業買収で会社の規模を大きくしないといけないとして，IPTVがケーブルテレビMSOを吸収合併しようとした。2016年IPTV事業者であり，携帯電話キャリアシェア 1 位のSKテレコムはケーブルテレビMSO 1 位のCJ Helloを買収しようとしたが，公正取引委員会が市場シェア 1 位同士の合併を認めず，失敗に終わった。それからSKテレコムはOTT対抗策としてモバイルIPTVに力を入れるようになり，自前のオリジナルコンテンツ制作投資を増やした。

　通信キャリアがIPTVに積極的なのは本業である通信部門の売上が減少しているからである（**図表 6 - 7**）。韓国は政府が通信キャリアに通信費の値下げを要求した。家計に占める通信費負担を減らす政策の一環として月額料金プランの 2 割値下げを要求した。格安携帯電話も登場し，通話料やデータ通信費の値下げ競争が激しくなった。

　一方でIPTV事業は加入者が増え，軌道に乗った。利益を再投資して人工知能を搭載したセットトップボックスを普及させ，音声でテレビのチャンネルを変えたり，「主人公が海が見える家に住んでいた映画」といった漠然としたリクエストに応じてVODを検索できる機能などを搭載して加入者の利便性を高めた。モバイルIPTV向けのオリジナルコンテンツ（ドラマやバラエティ）も増やし，360度バーチャルリアリティ（VR）コンテンツや，子供向けコンテンツ，オリジナルの解説が聞けるスポーツ中継など，どちらかといえば若い世代に喜ばれる新しいサービスを増やしていった。

　2018年 6 月，有料放送の市場占有率規制（ 1 社のシェアが33.3％を超過してはならないという規制）が廃止された。これは有料放送の吸収合併が許可されたのも同然であるため，IPTV側は再びケーブルテレビの吸収合併を進めた。

2019年1月には海外OTTの韓国進出対策としてIPTVと地上波放送局3社が手を組み新しい韓国を代表するOTTサービスを始める計画も発表された[1]。世界市場で人気があるコンテンツを制作する海外勢OTTに対抗できる競争力ある韓国勢連合OTTにするのが狙いである。

2019年2月には通信市場シェア3位でIPTV市場シェア3位のLGU+がケーブルテレビ市場シェア1位のMSO，CJ Helloの株を50％＋1株購入して筆頭株主になり，いずれ子会社化すると発表した。今回は市場独占の可能性がないため公正取引委員会も反対しないとみられている。

LGU+がCJ Helloを買収すると有料放送市場シェアは3位から2位になり，2位のSKテレコムが3位になる。また現在は1位のKTと2位のSKテレコムの差が大きかったが，合併により2位と1位の差が大きく縮まる。

SKテレコムとKTも負けじとばかりにケーブルテレビの買収に乗り出すだろう。Netflixに続いてYouTubeの利用者もますます増加している。AmazonやHuluもこれから韓国に進出するかもしれない。Netflixは韓国の地上波放送局や有料放送とは桁違いの製作費でオリジナルコンテンツを制作している。海外勢に有料放送市場を取られるのではないかと懸念する声もあるが，一方で，IPTVによるケーブルテレビの吸収合併は放送の公益性，多様性，地域性を損なうとして批判的な声も出ている。LGU+側は「（CJ Hello買収後も）放送の公共性，普遍性，多様性，地域性など公益の価値を維持する」と発表し[2]，ケーブルテレビ買収で本格的に放送通信融合を行い，5G[3]時代向けの新しいメディアサービスを提供する計画を明かした。

4 ケーブルテレビの挑戦

4.1 ケーブルテレビジョン4.0

ケーブルテレビとIPTVの加入者数が逆転し，IPTVがケーブルテレビを買収するようになってから，ケーブルテレビは黙って買収されるのを待っていたのだろうか。ケーブルテレビは逆の発想で，IPTVやOTTにはできないケーブルテレビの地域性を生かしてシェアの巻き返しを狙っている。

第6章　韓国：有料放送市場とケーブルテレビ地域情報の価値　129

2018年4月，韓国ケーブルテレビ協会は「ケーブルテレビビジョン4.0」[4] を公表した。その内容は以下の4つである。

①第4の通信キャリアになる。
②ケーブルテレビの特徴である地域性を強化し，地域チャンネルと地域文化の発展のため努力する。地域を愛し，責任をもって地域と一緒に発展する。
③ケーブルテレビの地域ネットワークを活用したスマートシティ・スマートホーム・人工知能セットトップボックス，人工知能とビッグデータを基盤とした利用者分析などを活性化しインダストリー4.0時代をリードする。
④南北（韓国と北朝鮮）親善文化交流・放送インフラ構築の橋渡し役になる。

ケーブルテレビビジョン4.0の中でもケーブルテレビ事業者が行った地域チャンネル強化を中心に，どのようなことをして，どのような効果があったのかを紹介する。

4.2　ケーブルテレビだけが放送できる地域チャンネル

放送法第70条第4項によりケーブルテレビ事業者は地域チャンネルを運営できる。地域チャンネルは文字通り地域住民が必要とする情報を提供するチャンネルである。ケーブルテレビ事業者にとって地域チャンネルは義務でもあり，他の事業者にはない特権でもある。

ところが，未来創造科学部［2016］によると，地域チャンネルの平均視聴率は0.19％にすぎず，収益もほぼないことから地域チャンネルに対する平均投資額は2015年時点で年間10.1億ウォン（約1億円）と年々減少傾向にあった。製作費を投資しないので，放送時間の8割を再放送番組とCMで埋めるほどになってしまった。ケーブルテレビのMSOにとっては放送の公益性，地域性，多様性のほかに収益性も重要な要素であるため，該当地域の情報と自治体の広告しか放送できない地域チャンネルの運営は負担になっていた。放送法により，解説も論評も禁じられているため，制作できる番組は限界があった。地域チャンネルとは名ばかりの放置されたチャンネルも同然だった。

4.3　2018年6月地方選挙ニュース強化

　そこでケーブルテレビ協会が目をつけたのが選挙ニュースだった。地域
ニュースの情報源はテレビ以外の選択筋も豊富だが，選挙は人口の多い地区の
取材が優先され，地方の選挙区候補の詳しい情報はなかなか手に入らないこと
もある。

　ケーブルテレビの地域チャンネルは，2018年6月に行われた地方総選挙で，
地上波放送や全国放送の報道専門チャンネルは扱わない区長選挙，区議員選挙
のニュースにフォーカスを当てた（**図表6－8**）。地方総選挙は候補者が9,000
人もいるほど規模が大きい選挙であるにもかかわらず，地上波放送や報道専門
チャンネルは首都圏の選挙候補や情報しか報道しない。ケーブルテレビ協会が
調べたところ，自分が住んでいる地域の候補がどんな人かよくわからないまま
投票する人が少なくないことが判明した。

　そこで，まずケーブルテレビのMSOが主催者となり，地域別に区長候補討
論会，区議員候補討論会を開催した。投票前の3日間は集中的に選挙関連
ニュースを流し，MSO5社が放映した選挙関連番組だけで2,700本に上るほど
になった。取材人員を増やすため市別に大学生記者200人を雇って600人以上の
住民の声をインタビューし，候補者に質問を投げかけた。地域チャンネルだけ
でなくYouTubeやケーブルテレビのホームページ，SNSにも地域別選挙候補
情報を公開した。

　ケーブルテレビ協会が調べたところ[5]，地域チャンネルで地域の選挙ニュー
スを集中的に放送した結果，忠清南道，慶尚北道では地域チャンネルのニュー
スが同時間帯の地上波放送よりも高い視聴率を記録した。離島の鬱陵島地域で
はMSOのHyundai HCN主催で候補討論会を開催したところ，開票情報を報じ
るニュース番組が該当地域の地域チャンネル歴代最高視聴率7％を記録した。
開票状況を伝えるニュースでは，街中に移動スタジオを設置して報道したとこ
ろ，地域住民が自然とそこに集まってきて一緒に開票を見守るイベント会場の
ようになった地域もあった。済州島の地域チャンネルは，開票が終わるまで8
時間生放送を行い，最高視聴率17.13％を記録した。MSOのCMBの場合，候補
者の演説動画を地域チャンネルで放送することを提案したところ，候補の

図表6−8　ケーブルテレビMSOのD`Liveの地域チャンネル放送画面キャプチャー・ソウル市中区の区長候補討論会の内容を，手話通訳者を付けて報道した

注：2018年6月5日放送。

97.6％が参加したほどだったという。

　ケーブルテレビ協会は，今後も地域チャンネルの報道機能を強化し続けるため，地域チャンネル記者を対象にした教育も実施している。最近の災害の特徴はゲリラ豪雨，局地的被害が発生することが増えているため，地域の災害状況を迅速に正確に地域住民の目線に合わせて報道することや，復旧のためにケーブルテレビにできることは何かを考えながら報道することなど，災害現場を数多く取材した海外特派員に学ぶ教育プログラムである。

4.4　地域チャンネルのオリジナル番組強化

　ケーブルテレビMSOのCMB，T-broad，D`Live，Hyundai HCNは，地域チャンネルにチャンネル番号1番を割り当てた。CJ Helloは25番である。どの地域にいても，CMB，T-broad，D`Live，Hyundai HCNの加入者はチャンネル1番を点けると，CJ Hello加入者は25番を点けると地域情報を観られる仕組みになっている（2019年2月時点）。

　ケーブルテレビD`Liveのソウル江南地区地域チャンネル編成表をみると，地

図表6－9　T-broadの地域チャンネルアプリ

出所：Apple Appstoreスクリーンショットhttps://itunes.apple.com/kr/app//id504782574。

域情報を紹介するバラエティ番組の間に，1日4回30分ずつ地域ニュース報道番組，毎日30分ずつ視聴者参加型番組を放映している[6]。報道番組と視聴者参加型番組は全ケーブルテレビ会社の地域チャンネルが同じ時間に放映することで，どの地域にいても地域ニュースを観たい場合は19時にケーブルテレビのチャンネルを1番または25番に合わせればいいので覚えやすくなり，視聴しやすくなった。

　CJ HelloをはじめMSO5社は，他の地域のニュースが気になる人，ケーブルテレビに加入していないが地域チャンネルは視聴したい人向けに全地域チャンネルのニュースをYouTubeでも公開している。報道だけでなく，毎日地元議

員が出演して各種政策を解説する番組や地域の同好会を紹介する番組，市民が自治体に望むことを発言する番組など，地域情報の切り口としてさまざまなコーナーを用意している。

T-broadはアナウンサーやレポーターがいない地域ニュース番組として，「90秒ニュース」という番組を放映している。該当地域のその日の出来事を映像だけ見せ，あとは地域住民に意見を求めるコーナーである。

T-broadは地域チャンネルをアプリからも観られるようにしている。アプリをインストールして地域を選択すると，該当地域チャンネルのリアルタイム再送信とニュース番組のVODを視聴できる（**図表6−9**）。

D'Liveの場合は「報道資料ファクトチェック」という地域チャンネル番組が話題になっている。自治体が発表した報道資料が本当にその通りなのか，発表した通り計画が進んでいるのかを記者が現場に行って確かめる番組である。

ケーブルテレビ協会は毎年地域チャンネルの優秀な番組を選定し表彰している。2018年度は地域の特殊学級問題，工事現場に囲まれた保育園問題，空き家を放置せず有効活用する方策など，自治体が把握しきれなかった部分を取材して自治体を動かした番組が受賞した。

4.5　ケーブルテレビの地域メディアとしての課題

韓国コンテンツ振興院［2018］は韓国の地域メディア，特に地方放送局の限界として以下の2点を指摘した。

①韓国はトップダウン式の政治が長かったせいか，地域住民は地域密着型の地域放送番組よりも首都圏で制作した番組を好む傾向が強く，地域放送に関心がない。
②韓国は狭い国で，離島以外どこでも高速鉄道で2時間前後しかかからない。そのため地域チャンネルはあまり意味がない。

それにもかかわらず，韓国コンテンツ振興院［2018］は地域メディアが進むべき道は地域に愛される親密な番組づくり，メディアと地域住民の距離が近い参加型番組づくり，OTTに負けないグローバル展開も視野に置いた番組づく

134 第Ⅱ部　海外における地域メディアの現状と課題

りしかないとした。

　韓国が2018年の平昌冬季五輪で世界初の試験運用を行い，2018年12月に世界で初めてサービスを開始した5Gも，地域メディアに大きな影響を与えそうだ。5Gは超高速，超低遅延の特徴を持つ無線通信なので，5Gの目玉コンテンツとして超高画質映像の4Kや8K，高容量映像のVRコンテンツの流通が期待されている。4Kや8KとVRを使ったラーニング動画，ホログラムを使った個別指導動画，個人放送局が注目されているが，これら技術は地域メディアがより高品質で住民と距離を縮められる番組づくりにも役立つはずである。

《注》

1　2019年1月3日SKテレコム報道資料「ドメスティックOTT連合で国内メディアエコシステムをグローバルに導く」　https://www.sktelecom.com/advertise/press_detail.do?page.page=1&idx=4702&page.type=all&page.keyword=

2　毎日経済新聞2019年2月14日付　http://news.mk.co.kr/newsRead.php?year=2019&no=91472

3　第5世代移動通信システム，LTEより100倍速い10Gbpsの通信測後を実現。韓国では2018年12月より一部サービス開始，日本では2020年サービス開始予定。2018年12月26日電子新聞　http://www.etnews.com/20181226000316

4　韓国ケーブルテレビ協会ホームページ　http://www.kcta.or.kr/kcta_new/comm/htmlPage.do?H_MENU_CD=100204&L_MENU_CD=10020401&SITE_ID=KCTA&MENUON=Y&SEQ=16

5　2018年6月28日韓国ケーブルテレビ協会報道資料　http://www.kcta.or.kr/kcta_new/board/ArticleView.do?SITE_ID=KCTA&BOARD_ID=30&ARTICLE_SEQ=19926&LISTPARAMS=pageNo=3%7CBOARD_ID=30%7CREPLY_YN=N%7CFIX_TYPE=Y%7CSEARCH_COND=3%7CSEARCH_WORD=&LISTURL=/kcta_new/board/ArticleList.do?H_MENU_CD=100201%7CL_MENU_CD=10020103%7CSITE_ID=KCTA%7CBOARD_ID=30&H_MENU_CD=100201&L_MENU_CD=10020103&

6　ケーブルテレビD`Liveのソウル江南地区地域チャンネル編成表　https://www.dlive.kr/front/local/guide/guideAction.do?method=list#null

《参考文献》

科学技術情報通信部（部は日本の省に当たる）[2018]『有料放送事業加入者数及び市場占有率公告』。

科学技術情報通信部・放送通信委員会［2013；2014；2015；2016；2017；2018］『放送産業実態調査報告書』。

韓国言論振興財団［2018］『言論受容者意識調査』。
韓国放送通信委員会［2018a］『2017 年放送媒体利用調査』。
韓国放送通信委員会［2018b］『2017 年放送事業者の視聴占有率調査』。
韓国コンテンツ振興院［2018］「地域放送の現実と限界，今後の志向点は？」『Broadcasting Trend & Insight2018 年 3 号 Vol.16』http://www.kocca.kr/trend/vol16/sub/s22.html（2019 年 3 月 8 日アクセス）
未来創造科学部［2016］『有料放送発展方案』。

第Ⅱ部　海外における地域メディアの現状と課題

第7章

中国：新旧地域メディアの最新動向

劉　　佳

1　はじめに

　情報通信技術の急速的な発展により，新聞，ラジオ，テレビ等の伝統メディア産業の市場構造やビジネス・モデルが再構成されている。特にインターネットは情報と娯楽を得る主要なルートとして，メディア産業の融合および発展の原動力となっている。

　中国において，インターネットは驚異的なスピードで発展している。中国インターネット情報センターが発表した「第42回中国インターネット発展状況の統計報告」によると，2018年6月までに，インターネット利用者は8億200万人を超えた。そのうち注目されるのは，スマートフォンでインターネットへアクセスする利用者がインターネット利用者総数の98 %を占め，スマートテレビでインターネットへアクセスする利用者がインターネット利用者総数の29.7 %に達したことである（中国インターネット情報センター［2018］, pp. 12-27）。

　しかしながら，中国では，メディアは国家および政府の宣伝道具であるとみなされている。ほとんどの伝統メディアは国営で，メディアの構造からコンテンツ管理に至るまで厳格な規制がある。そして，このような政府機関による厳格な監督管理により，中国独自の階級別のメディア管理体制，すなわち中央部と地方部とに分かれたメディア管理体制が促進されている。

　伝統メディアの中で最大の影響力を持つ放送メディアを例に挙げると，1983年以降，中国では中央政府による統一的配置に基づき，「中央－省－市－県」

図表7－1 2011〜2017年 中国メディア産業における市場構造の変化

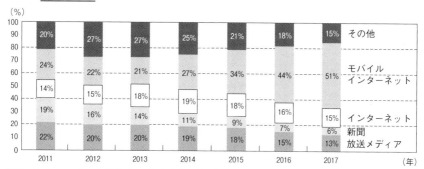

出所：ナイルソンネット調査［2018］をもとに筆者作成。

という4階級のテレビ局置局戦略を立ててきた。このような階級別の管理体制は，中国の改革開放初期においてテレビの発展を大きく促進したが，その権力と資源は中央レベルのテレビに集中したため，市・県レベルのテレビは発展の機会を失い，時代が下るとともに発展していくことがますます困難となった。

このような中央レベルのメディアと市・県レベルのメディアの発展格差は，インターネットおよびモバイル・インターネットといったニューメディアの発展に大きな影響を与えている。**図表7－1**が示すように，2011年を分岐点とし，ニューメディアの市場占有率は伝統メディアを超えた。

2018年6月現在，中国のインターネット上のニュースを閲覧するユーザー数は6億6,300万人に達し，インターネット動画を閲覧するユーザー数は6億600万人に達した。後者のうち20％以上のユーザーが料金を支払ってOTT-Vの有料動画を視聴している（崔保国［2018］，pp. 35-37）。また，2013年におけるモバイル・インターネット上の動画広告の市場規模はわずか4.4億元だったが，2017年には297億元にまで上昇した。

これに伴い，放送メディア市場における構造変化が加速していることが判明した。ニューメディア技術の発展により，情報伝達者と情報生産者の区別がより曖昧になり，放送メディア産業間の境界も曖昧となりつつある。ニュース，放送メディア，エンターテイメントの融合が日々進展している。

中国では，テンセント（騰訊）やバイドゥ（百度）等の民営インターネット

企業が台頭し始めた。これらの民営企業は市場規模を拡大し，新しいメディアサービスを生み出し，地域メディアへと浸透しつつある。

2013年11月，中国共産党は第18期中央委員会第3回全体会議において，『改革の全面的深化における若干の重要な問題に関する中共中央の決定』が承認された。その中で，「ニュースメディア資源を統合し，伝統メディアとニューメディアとの融合発展を推進する」ことが指摘された。

2014年8月18日には，習近平主席が中央全面深化改革指導グループの第4回会議を開催し，『伝統メディアとニューメディアを融合発展させることに関する指導意見』を審議・承認した。これは中国のインターネット時代においてメディアの融合実践を指導するための綱領文書であり，「メディア融合」が国家行動および国家戦略となりつつあることを示している。

2014年から現在にかけて，中国のメディア融合に関するリサーチや実践は中央メディアから地域メディアへと浸透しつつある。本章では，具体的な事例を取り上げつつ，メディアとコンテンツという2つの視点から，インターネット時代における中国の地域メディアの発展状況について明らかにする。

2 地域における伝統メディアの現状およびデジタル化の発展

2.1 地域伝統メディアの概要および事例の紹介

伝統メディアとは，中国では通常，インターネット以外のメディアのことを指す。テレビやラジオ，新聞，雑誌などを含み，「主流メディア」として考えられることが多い。また，国営であることがほとんどで，政府の宣伝機関としての任務を負うため，政治的なコンテンツが多く，権威性が高い。事業規模が比較的大きく，発行部数や放送時間も多いため，影響力が強いメディアである。

国家レベルのメディア以外のすべてのメディアが地域メディアと呼ばれている。しかし，中国の国土は広いので，地域情報の提供といった視点からみれば，市レベルと県レベルのメディアこそが地域メディアの定義により相応しいと考えられる。市や県においては，放送，テレビ，新聞といった伝統的メディアが地域メディアの主流となっている。

国家新聞出版広電総局［2018］によると，2017年時点で，市レベルではラジオ局が1,144局，テレビ局が1,214局あり，県レベルではラジオ局とテレビ局を合わせて2,106局あった。また，2016年現在発行されている新聞は1,894紙あり，発行部数は390億700万部であった。そのうち，市レベルの新聞は878紙あり，両方を合わせた発行部数は124億930万部だったが，県レベルではわずか19紙が8,100万部を発行しているにすぎない。市レベルの新聞の発行部数は2015年度同期比で10.76％減少し，県レベル新聞の発行部数は21.17％減少した。

　地域メディアは中央レベルと省レベルのメディアに対抗し得ないが，地域レベルの伝統メディアにおいては最大の影響力を持つ。しかし，インターネットの普及拡大に伴い，伝統メディア全体の影響力が低下している。中央レベルのメディアは十分な資源を有しており，番組の品質を向上させることを通じて視聴者を獲得し得るが，地域メディアは現状を維持することも困難な状態にある。地域メディア，特に市レベルと県レベルのメディアは，資金面や人材面，ルート面などにおいて劣位にあるなかで，日々活躍している商業メディアや巨大な中央メディアと競争しなければならず，一部の地域メディアには厳しい将来が待ち受けていると予測される。

　本章では，四川省内江市を事例として取り上げ，筆者がインタビュー調査で収集したデータをもとにしながら中国における地域メディアの現状について考察する。内江市は総面積が5,385平方km^{2}で，2つの区と2つの県に分けられ，2018年12月までに，内江市統計局［2018］によると，内江市が4億1,473万の人口を抱えている。世帯数は約100万である。

　同市を事例地域とした理由としては，以下の2つがある。第1に，四川省が中国国内において放送メディアのデジタル化の最も進んでいる地域であり，ニューメディア時代における地域メディアの発展について考察するのに適している。第2に，地理的位置がちょうど良いためである。位置は四川省省都の成都と中国四大直轄市の1つである重慶市の間にあり，中国西南地区の中心地である。このため，一定の総合性と代表性を持っていると考えられる。

2.2　地域伝統メディアの構成

　内江市内の伝統メディアは，1985年8月に政府機関である内江市文化・ラジ

オ・テレビ・ニュース・出版総局によって設立された。同局は幾度かの組織改編と改名を経て，最終的に**図表7－2**のようなメディア構造を形成した。同局は内江市内の社会文化や新聞，出版，映画，テレビ，ラジオ，放送ネットワーク，図書館，博物館などを管理しているため，内江市の主な伝統メディアはすべてその管轄下にある。

内江市ラジオ・テレビ局は1988年に元中国放送映画テレビ部によって正式に承認され，設立された市レベルのテレビ局である。2001年6月，国家放送映画テレビ総局に許可され，内江テレビ局が新たに設立された。新しく設立された内江テレビ局は，総合チャンネル，都市公共チャンネル，映像チャンネル，科学技術と教育チャンネルの4つのチャンネル（従来は1つのチャンネルのみ）を建設することを許可された。許可を得たチャンネルは，NJTV－1総合チャンネル，NJTV－2公共チャンネル，NJTV－3科学教育チャンネルの合計3つのテレビ放送チャンネルと，FM91.2とFM102.7交通チャンネルの合計2つのラジオ放送チャンネルである。また，内江日報は1988年に創刊された新聞である。内江市政府が週6回発行する政党機関紙で，発行部数は4万部である（内江日報公式サイト［2018］）。

内江市内で最も総合的な影響力を持つ伝統メディアはテレビである。テレビには地上波放送，ケーブルテレビ放送，衛星放送がある。中国のテレビ制度は日本のテレビ制度とは異なり，幾度の大規模な改革を経て，「インターネット放送とテレビ放送の一体化」から「インターネット放送とテレビ放送の分離」，さらに「テレビ制作とテレビ放送の分離」へと進化した（原琳［2014］，p. 55）。

現在では，中央レベルから各省レベルのそれぞれに異なる国営放送ネットワーク会社が形成されている。内江市の放送ネットワークは，四川省放送ネットワーク会社内江支社によって経営されている。内江市のアナログ地上波テレビ放送とアナログケーブルテレビ放送は2013年3月31日に停止し，デジタル放送に取って代わられた。

ケーブルテレビはかつて最も利用されていた放送メディアであるが，現在，内江市内における視聴世帯数はわずか約12万世帯である（四川放送ネットワーク内江分公司［2017］）。

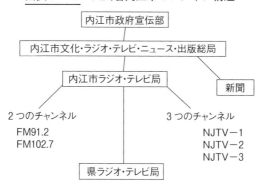

図表7－2　四川省内江市のメディア構造

出所：筆者作成。

　これらの視聴者は主にSTB装置を通じてテレビ番組を視聴している。また，地上波放送，ケーブルテレビ放送，衛星放送によってテレビを視聴している世帯数は，内江市の総世帯数のわずか15％弱である。内江市内では現在，テレビ放送は主にIPTVにより視聴されている。

2.3　内容に関する分析―宣伝性が強く，ニュース性が弱い

　内江市における放送メディアのうち，ニュース番組を放送しているのはNJTV－1総合チャンネルとFM91.2のみである。両者はニュース番組制作チームのスタッフを共有しており，社員およそ40人と記者およそ16人を抱えている。

　筆者は2018年6月，同ニュース番組制作チームにインタビュー調査を実施した。ここではそこから得られたデータをもとに，内江市ラジオ・テレビ局と首都北京を拠点とする北京衛星テレビ局とを比較し，地域レベルのテレビニュース番組の特徴を整理した。NJTV－1総合チャンネルにおける2つのニュース番組の状況は**図表7－3**に示す通りである。

　NJTV－1総合チャンネルで放送されるニュース番組のコンテンツは主に時事ニュースや公務員の活動に関するもので，地域ニュース番組の放送時間は全体の放送時間の約10.3％を占めた。それに対し，北京衛星テレビ局の場合は15.6％を占めていた。ただし，NJTV－1総合チャンネルで放送された1日当

図表7-3　内江市テレビ局のニュース番組

内江ニュース

放送時間：20分　6～10本
放送時刻：18：30
内容：時政ニュース

ニュース・インサイド

放送時間：15分　3～6本
放送時刻：19：30
内容：民間ニュース

出所：筆者作成。

たりのニュース番組放送時間数は北京衛星テレビ局のそれの半分にも満たなかった。

　内江市文化・ラジオ・テレビ・ニュース・出版総局によると，2018年の1年間で内江市ラジオ・テレビ局によって制作されたテレビニュースは合計7,110本で，2017年の7,625本から減少した。また，内江市ラジオ・テレビ局は2018年にわずか2つのニュース番組しか放送しなかったが，2011年には8つものニュース番組が存在していた。

　地域と大都市のテレビ局を比較すると，前者の方がニュース番組の種類が少なく，放送時間が短く，番組の質も悪い。また，生放送のニュース番組が存在しないことも明らかになった。実際のところ，地域レベルの放送メディアはメディアの属性を重視していない。メディア属性とは，メディアの情報伝達者としてのアイデンティティを指し，最新情報をタイムリーに伝達し，サービス情報を提供し，社会監督などを行うことをいう。地域メディアは，政府の宣伝機関としての役割を果たすことをより重視していると考えられる。

2.4　地域における伝統メディアのデジタル化発展
　　　―「セントラルキッチン」と「両微一端」―

　上述した通り，2014年から，メディア融合は中国における国家戦略となりつつある。これにより，中央レベルから地域レベルに至るまで，伝統メディアのデジタル化が進展している。

　特に地域レベルの伝統メディアにおいては，「両微一端」の活用によるデジ

タル化が進んでいる。両微一端とは，ウェイボー（微博），ウィーチャット（微信），ニュースクライアント（新聞客户端）という３つのプラットフォームの総称であり，伝統メディアと新興技術と新興宣伝形態の融合として認識されている（向安玲［2016］，p. 69）。

中国各地における110社の伝統メディア企業に対する調査結果によると，2015年６月までには，全体の95.45％の企業はウィーチャットとウェイボーにおいて公式アカウントの開設を終えた（黄楚新［2016］，p. 40）。内江市では，内江ラジオ・テレビ局と内江日報はともに両微一端を活用している。

内江日報のウィーチャット公式アカウント「最内江」を例として挙げる。最内江は2015年６月に正式に開設され，「市政府の情報オフィスによって主催され，内江日報社によって開設された政務プラットフォーム」であると定義される。同アカウントをお気に入りに追加したユーザーには，毎日３〜10本の地域ニュースが無料で提供されている。

2018年６月30日から同年８月１日までに最内江で提供された151本のニュースの分析を行ったところ，地域レベルの伝統メディアによるデジタル・プラットフォームの活用について，以下の特徴が明らかになった。

第１に，最内江では，ニュースを一方向で提供するだけでなく，コメントやシェアなどの相互交流機能も使用していた。第２に，提供されたニュースは文字や写真，動画などマルチメディアを活用して示されることが多かった。さらに，文字で提供される場合は，文語体による表現が少なく，大量のネット流行語が用いられるなど，娯楽化の傾向がみられた。第３に，内江日報とは異なり，コンテンツのニュース性が強く，最新の地域情報や地域の民族文化，サービス情報など多様なコンテンツが提供されていた。

なお，最内江の公式アカウントをお気に入りに追加したユーザー数は15万人を超え，トップ記事の１日当たりの平均閲覧数は１万903回であった。2018年６月15日に発表されたニュース『成自瀘高速道路威遠段交通事故負傷者数人，医療専門家出動，緊急援助』は，その閲覧数が６万回を超えた。

144 | 第Ⅱ部　海外における地域メディアの現状と課題

3 地域ニューメディアの現状および娯楽化の発展

3.1　インターネットベースの放送メディア：OTT-Vサービス

　中国では，スマートテレビ，OTT BOX，モバイル端末を通してOTT-Vサービスを利用することができる。2018年，中国のスマートテレビ普及台数は２億台を超えた（新浪科技網［2018］）。スマートテレビの普及は北京，上海などの大きい都市から内江などの小さい都市に拡大しており，2018年９月末現在，第３線以下の都市におけるスマートテレビ販売総額は，全国のスマートテレビ販売総額の55％以上を占めている。内江市では，スマートテレビとOTT BOXへの転換率は約60 ％に達する（ペンギンシンク［2018］）。

　しかし，OTT-Vサービスは放送メディアのデジタル化の一部とみなされており，比較的厳格な監督管理を受けることで，市場参入できるようになった。OTT-Vサービスの提供にあたっては，**図表7－4**に示されている機関から複数の免許を取得しなければならない。

　この中で最も取得しにくいのは，国家新聞出版広電総局のOTT-V免許である。2019年現在，全国で７社しかこの免許を取得していない。さまざまな種類の映像コンテンツは，免許付与事業者を通して異なるプラットフォームに配布され，ユーザーに届けられるため，OTT-V免許は少数の事業者だけが所有している。

　現在，全国で独占的な地位にあるOTT-Vコンテンツ・プラットフォームは，

図表7－4　OTT-Vサービスの提供に必要な免許

管理部門	サービスを行うために必要な免許証
国家新聞出版広電総局	・インターネット・オーディオビジュアル・プログラミングサービスの普及免許 ・IPTVサービス免許 ・OTT-V免許
工業と情報化部	・付加価値のある電気通信事業許可
文化部	・インターネット文化事業許可

出所：筆者作成。

中国のインターネット会社であるバイドゥ傘下のアイチーイー（愛奇芸），アリババグループ（阿里巴巴集団）のヨウク（优酷），テンセントのテンセントビデオ（騰訊視頻）である。これら3つのプラットフォームはOTT-Vサービス市場の過半数のシェアを占有しているが，その中でもアイチーイーは2018年，トップの地位を占めた（頼祥蔚［2017］，p. 210）。

内江市内でスマートテレビを所有し，OTT-Vビデオサービスを利用している30世帯に対して訪問調査を実施したところ，全体の83.3 ％の世帯がドラマや映画を，10％の世帯がスポーツイベントを，それぞれOTT-Vプラットフォームで視聴していることがわかった。

3.2 インターネットライブとショートビデオ

モバイル・インターネットの普及に伴い，スマートフォンなどのモバイル端末を主要情報受信端末として利用するユーザーが増えている。 2016年以来，スマートフォンのカメラで動画を撮影して，インターネットにアップロードし，リアルタイムで共有する「インターネットライブ」や「ショートビデオ」が，最も人気のある新しいメディア・プラットフォームになっている。

インターネットライブとショートビデオは，コンテンツが豊富で，インタラクティブ性が強く，ネットユーザーの多様化した娯楽ニーズと大衆の自己表現欲求を満たしている。（股楽［2018］，pp. 45-50）。

2018年6月現在，インターネットライブのユーザーは4億2,500万人に達した。より人気なのはショートビデオで，ユーザーは5億9,400万人に達した。これはネットユーザー全体の74.19 ％を占めている（中国インターネット情報センター［2018］，pp. 42-45）。

インターネットライブとショートビデオの主な特徴としては，以下の3点が挙げられる。第1に，コンテンツがバラエティーに富んでいる，視聴者はさまざまな種類のコンテンツを見つけることができる。第2に，視聴プロセスのインタラクティブ性や社交性が強い。第3に，モバイルプラットフォームとモバイル端末を利用することによって，時間と場所の制約から解放されている。

内江市においても，内江市ラジオ・テレビ局や内江日報がインターネットライブやショートビデオを活用した公式プラットフォームを開設している。ただ

し，そこで提供されるコンテンツはパーソナライズされたニーズに対応しにくく，知名度も影響力も低い。

　一般的に，個人ユーザーであるオピニオン・リーダー（Key Opinion Leader）が最も影響力のあるコンテンツ制作者になることが多い。彼らが制作するコンテンツにはファッションやユーモアなどの娯楽的なコンテンツが多く，生活サービス性がある一方で，専門性もニュース価値は持ち合わせていない（許向東［2018］，pp. 70-81）。

4 地域メディアの視点からみた地域における伝統メディアのデジタル化およびニューメディアの娯楽化

　メディアは生来公共的である。しかし中国では，伝統メディアは政府の宣伝機関としての役割を担う。これは地域レベルの伝統メディアにおいても同様で，最も重要な任務は政府の政策を宣伝することである。

　近年，地域レベルの伝統メディアはニューメディアからの衝撃を受け，スポンサーや読者，視聴者を失いつつある。さらに，資金や人材などの資源不足により，高品質なニュース番組を制作することが困難な状態にある。たとえば，地域レベルのテレビ局のチャンネル数やニュース番組数，自作番組数の割合はいずれも減少しており，利益も十分に確保できていない。

　また，「党と政府の喉と舌」と言われる伝統メディアは政府機関によって厳格な管理を受けているため，コンテンツの政治性が情報性よりも高く，コンテンツを革新させることも困難である。地域の伝統メディアは地域ニュースのサービス性を失いつつあると言える。

　その一方で，インターネットの発展とともに，国家によって公布された大量の政策は，地域メディアのデジタル化への転換を推進している。地域レベルの伝統メディアの多くは，インターネット広告という新たな道を切り拓くとともに，両微一端などの斬新なデジタル・プラットフォームを頼りに，自身の専門性を高め，より親近感を持って地域ニュースを報道し，より多くの注目を集めようとしている。柏小林［2018］によると，地域レベルの伝統メディアによるウィーチャット公式アカウントは，ユーザーが地域ニュースを得る最も主要な

ツールとなりつつある。

　モバイルネットワーク時代の到来により，多くのニューメディア・プラットフォームが地域情報ネットワークに加わりつつある。また，OTT-Vサービス，インターネットライブ，ネットショートビデオ等が，地域の娯楽情報市場で重要な地位を占めつつある。

　中国の地域メディアでは，ネットユーザーによって構成される「ネットプラットフォーム」と伝統メディアによって構成される「公式的なプラットフォーム」という2つの情報プラットフォームが形成されている。この2つのプラットフォームの情報は競合的というより補完的な関係にある。

《参考文献》

劉建峰［2018］「ニューメディアから衝撃を受ける県レベルテレビ局のメディアコンバージェンス」『中国新聞業』2018年5号，pp. 87-88。

中国インターネット情報センター［2018］『第42回中国インターネット発展状況統計報告』http://www.cnnic.net.cn/hlwfzyj/hlwxzbg/hlwtjbg/201902/t20190228_70645.htm

呉晔［2017］「地域伝統メディアとニューメディアの融合発展について」『ニューメディア研究』2017年6月号，p. 75。

向安玲［2016］「メディアの両微一端融合戦略研究」『現代伝播』2016年237号，p. 69。

内江市人民政府［2017］「内江市建設ハイビジョン知恵広電実施案」http://www.neijiang.gov.cn/news/2017/07/1811646.html

国家新聞出版広電総局［2018］「県レベル級以上の放送テレビ放送機関及びチャンネル名簿」http://www.sapprft.gov.cn/sapprft/govpublic/9770/357800.shtml

内江市統計局［2018］「2017年内江市国民経済と社会発展統計公報」http://tjj.neijiang.gov.cn/2018/04/3136953.html

内江日報公式サイト［2018］「2017年内江市国民経済と社会発展統計公報」http://epaper.scnjnews.com/pc/

四川放送ネットワーク内江分公司［2017］「2017年経営活動会議」http://neijiang.sc96655.com/infolist.php?neijiang&id=3457&cid=3458

新浪科技網［2018］「スマートテレビ普及台数は約2億台を見込んでいる」https://tech.sina.com.cn/e/2017-01-06/doc-ifxzkfuk2410253.shtml

崔保国［2018］『2018年中国メディア産業発展報告』社会科学文献出版社。

関秀月［2017］「地域主流メディアの苦境と進路分析」http://media.people.com.cn/n1/2017/0720/c413464-29418585.html

コロシズム［2018］「オンラインビデオ業界のビジネスモードの現状：ユーザーが有料で拡大に向かう」https://www.qianzhan.com/analyst/detail/220/181025-7080fbe2.html

148 第Ⅱ部 海外における地域メディアの現状と課題

柏小林［2018］「全国のニューメディア発展調査分析」『出版発行研究』2018 年 12 月号，pp. 8-11。

孫楽怡［2018］「地域主流メディア地域性融合不足への対策」『ニューメディア研究』2018 年 21 号，pp. 93-103。

ナイルソンネット［2018］「2018 年度都市台影響力ランキング」 http://www.nielsenccdata. com/ssxybg/590.jhtml

内江市文化広電ニュース出版局公式サイト［2018］「内江市文化広電ニュース出版局公式サイト 2017 年事業総括と 2018 年事業計画」 http://whj.neijiang.gov.cn/2017/12/2630216. html

内江市文化広電ニュース出版局公式サイト［2019］「内江市文化広電ニュース出版局公式サイト 2018 年事業総括と 2019 年事業計画」 http://whj.neijiang.gov.cn/2019/01/4039495. html

頼祥蔚［2017］「中国大陸 OTT TV 経営モードと政策法規」劉幼琍編著『革新サービス経営モードと政策法規』五南図書出版社，pp. 209-228。

ペンギンシンク［2018］「中国三四五線都市のネットユーザー時間 & 金銭消費データ報告」 https://www.useit.com.cn/thread-20218-1-1.html

陳国権［2018］「中国メディアのセントラルキッチンモード発展報告」『新聞記者』2018 年 1 号，pp. 50-62。

古栄鑫［2016］「新聞産業革命：セントラルキッチンに関する反省」『荊楚学志』2016 年 17 号，pp. 71-74。

黄楚新［2016］「主流メディアのウェイチャット公式アカウント：現状，特徴とトレンド」『ニュース戦線』2016 年 9 月号，pp. 39-42。

原琳［2014］「ニューメディアから主流メディアへの影響に関する研究」『科学技術伝播』2014 年 14 号，pp. 54-55。

殷楽［2018］「伝統メディア新聞紙のショートビデオ開発現状と伝播傾向」『現代伝播』2018 年 6 月号，pp. 45-50。

汪文斌［2017］「中国ショートビデオの発展現状とトレンドに関する研究」『テレビ研究』2017 年 5 月号，pp. 18-21。

許向東［2018］「中国インターネットライブサービスの現状，管理苦境および対策」『暨南学報（哲学社会科学版）』2018 年 40 号，pp. 70-81。

第Ⅲ部

地域メディアをめぐる政策議論

第8章

米国のローカリズム原則と非商業放送制度
—その今日的意義

菅谷　実

1　はじめに

　本章では，米国の非商業放送局の生成過程を詳細に分析することにより，なぜ，1960年代に確立された米国の公共法制度がネット時代の今日においても一定の機能を果たし，制度として継続性を持ち続けているのかを明らかにする。

　はじめに，FCC規則により1950年代初頭に確立された地上放送用電波割り当てにおけるローカリズム原則とは何かを論じる。次いで，電波割り当て政策の中で醸成された非商業放送局制度とそこから生成されたCPBおよびPBSを中核とする米国の公共放送制度の生成過程を考察，日本の公共放送制度との比較から米国の非商業放送制度の特質を論じる。

　これらの考察を踏まえて，今日，その原理原則がネット時代の地域メディアのあり方にどのような影響を及ぼしてきたかを考察する。

2　ローカリズム原則

　ローカリズム原則（localism principle）とは，米国の地上波用無線電波配分の原則が確定された1952年に確立されたものであり，その原則自体は，その後も大きく変更されることなくデジタル時代の今日に受け継がれている。

　それは，連邦通信委員会（Federal Communications Commission：FCC）がテレビ用電波配分を策定されるときに用いた以下の5つの原則からなる。

①米国の全地域に，最低１つのテレビ・サービスを与える。

②最低１局のテレビ局を，各コミュニティに割り当てる。

③米国の全地域に，最低２種類のテレビ・サービスを与える。

④最低２局のテレビ放送局を各コミュニティに割り当てる。

⑤以上の優先順位で割り当てらなかったチャネルは，各コミュニティの人口規模，地理的位置，他のコミュニティに割り当てられたテレビ局から送信されるテレビ・サービスのチャネル数を勘案して割り当てられる。

（菅谷［1997］，13頁）

FCCは，この優先順位により1952年にテレビ用電波の割り当て表を作成しFCC規則として公表した。その結果，全米約1,250のコミュニティにテレビ用電波が配分されることとなった。その際，各コミュニティには商業用と非商業用の２種類のテレビ放送局用電波が割り当てられた。非商業用電波の利用者はHKやBBCのような全国放送を提供する公共放送局ではなく，各コミュニティの大学や教育関係機関などの組織であった。

以上のローカリズム原則は，テレビ・サービスのための電波配分を作成するために構築されたものではない。このような，全国のコミュニティに同等の機会を与えるという考え方は，米国の建国当時から引き継がれているもので，教育，金融，さらには電話など多様なサービスの仕組み，産業構造などにローカリズム的な発想が取り入れられている。

3 非商業教育放送の生成過程

アメリカの公共放送の前身は非商業教育放送（non‐commercial educational broadcasting）であるとされているが，その歴史は商業放送の歴史より古い。アメリカの商業ラジオは1920年11月２日のピッツバーグのKDKA局で開始されたが，このKDKA局開局の１年前，1919年にウィスコンシン大学が9XMというコールサインで実験免許を取得したのが非商業教育放送局のはじまりである。その後，教育関係機関を中心として非商業教育ラジオ局は次々と開局され1925年には総免許数は129に達した。しかし，並行して開局された商業ラジオ

に次第に視聴者を奪われ，非商業教育ラジオ局自体の財政基盤の弱さや，設備の貧弱さなども影響して1925年以降，教育機関の所有する免許数は20%以上も減少した（Gibson［1977］，pp. 2-3 and 6-9)。

1927年には急増したラジオ局に対応するために，それまでの無線法（the Radio Act of 1912）が廃止され，新無線法（the Radio Act of 1927）が成立した。この新無線法の制定により非商業教育ラジオ局は周波数の再割り当てで非常に不利な扱いを受けほとんどの放送局は放送を中止してしまい，1937年には運用中の局はわずか38局に減少してしまった。

しかし，教育ラジオ放送の拡充を望む声は強く，1934年に成立した通信法（the Communication Act of 1934）により創設された連邦通信委員会（Federal Communication Commission：略称FCC）は1938年にAM放送の周波数の一部を教育用に割り当てる方針を立て，さらに，1941年に新たにFM放送が導入されたのに伴い教育用チャンネルはAMからFMに移行され，FM放送用の周波数帯のうち88〜92MHzが非商業教育局用に割り当てられた。

以上のように，非商業教育ラジオの歴史はかなり古く，商業ラジオの歴史を比べても，ひけをとらないほどである。

一方，テレビ放送に関しては13年の遅れをとり，1953年にようやく免許が与えられた。それは，ヒューストン大学に属するKUHT局である。その1年前，1952年4月にFCCはテレビ放送に対するニーズの増大に応えるため新たにチャンネルを割り当てる方針を打ち出し，その中で242チャンネル（VHF80，UHF162）を非商業教育テレビ用とした。このFCCのチャンネル解放により，1953年に，第1号の非商業教育テレビ局KUHT局が開局されたわけである（山口［1977］，6-9頁，237頁）。

これ以降の非商業教育テレビ局は着実に増加を続け1967年には151局となり，それが同年に成立した公共放送組織の基盤となった。

4 商業放送の限界

4.1 ネットワークの成立と問題点

1930年代に入ると，アメリカ経済の発展とともに，放送事業はますます盛んになっていった。特に，ラジオの全国ネットワーク化が進み，1926年にNBC，27年にCBS，34年にMBS，そして1945年にはABCと合計4つのネットワークが誕生した。これらのネットワークは1935年に全放送局（AM）の34.8％，38年に53％，46年には80.8％を加盟局に加え，4大ネットワークによる放送独占体制が確立して，ネットワーク間での激烈な聴取率競争が展開された（内川[1966]，17頁）。

この競争の結果，番組の水準は低下し，1940年代のはじめになると，FCCには視聴者から寄せられる番組に対する不満の声が増大した。多くの人々がいい加減な運勢占い，虚偽広告，ワイセツすれすれのきわどい番組，コマーシャル時間の増大，地方番組の縮小，ニュースの偏向，教育，文化，宗教番組の不足などについて不満を抱き，苦情の投書が殺到した。（Enemy [1961]，p. 237）

そこでFCCはこれらの視聴者の不満に応えるために，元BBC編成部長のシープマン（Siepmann）氏に委嘱して，番組サービスの評価に関する研究にとりかかり，その結果が1946年3月に「被免許者の公共サービス責任（Public Service Responsibility of Broadcast Licensees）」，通称「ブルーブック」（Blue Book）という名前で知られている報告書となって公表された。この報告書の中では，放送番組編成の決定に関しては被免許者である放送局は基本的には自ら責任を持つべきであるとしながらも，放送局が公共の利益に基づいて運営されているか否かを判断する上での4つの番組に関する要素を挙げている。それは次の4点である。

①均衡のとれた番組編成の維持
②地方的な生番組の放送

154　第Ⅲ部　地域メディアをめぐる政策議論

③重要な公共的問題に関する討論番組の放送

④過剰な広告の排除

　　（Enemy［1961］, p. 237）

　そこで，FCCは放送免許の審査にあたっては，これら４点の基準に従って
厳格な審査を行うことになったが，１週間の昼間総広告番組時間59.5時間のう
ち，55時間が「ソープ・オペラ」（soup opera）にあてられていたという現状
は，それほど改善されなかった（内川［1966］, 19頁）。

　そして，1950年代に入ると，1948年から４年間凍結されていたテレビ放送局
の免許申請が解除されて，放送局数は一挙に，凍結前の５倍近くに増加し，テ
レビ放送においてもネットワーク化が進展，ABC，CBS，NBCの３大ネット
ワークが確立した。テレビ業界においても，ラジオと同様にその競争は激烈で，
ついに，1959年にはCBSの人気番組「21の質問」をめぐって八百長事件が発生
するまでに至った。

　このような商業放送業界の腐敗ぶりに対して，多くの人々から非難の声が上
がったが，その中でこの商業放送中心の放送制度を批判して，公共放送制度の
導入を唱えた。当時，ニューヨーク・ヘラルド・トリビューンの論説委員で
あったW. リップマン（Walter Lippmann）教授のニューヨーク・ヘラルドへ
の寄稿（1959年10月27日）がある。少し長くなるが以下にその小論文を紹介す
る。

　　アメリカの放送制度の最も悪い点は，放送事業のほとんどすべてを，営利
　を目的とした商業放送会社に任せていることである。商業放送各社はできる
　だけ多数の聴取者を引きつけて，これを金銭に替えるための「ただ一種類の
　競争」しか行なっていない。この競争に生き残るためには，クイズ八百長事
　件に見られたような大がかりな大衆ギマン行為ですら，あえてしている。し
　かし最も重要なことは，この競争が「悪貨は良貨を駆逐する」というグレ
　シャムの法則により支配されており，このため商業放送各社が，多数聴取者
　をひきつけるためには低級な内容を放送するに限ると信じていることである。
　ワイセツな内容や暴力的な内容の番組がはんらんする原因は，ここにある。

だが，これを改める方法がひとつある。それはアメリカ以外の先進諸国の
ほとんどが採用しているように，放送事業の一部を公共企業体の手にゆだね，
「なにが人気の的になり，金もうけにつながるか」ではなくて，「なにが良い
か」を基準にして運営される全国ネットワークを設ける方法である。これに
対しては伝統的な「営利企業万能論」をタテにとって異を唱える人が多いか
もしれない。しかし，このような理論が事実上破算したことは，アメリカに
おける教育，文化，研究開発の現実を見れば，だれの目にも明らかである。
（中村［1973］，28頁）

　以上のように，W．リップマンは商業放送会社だけの「ただ一種類の競争」
は「悪貨は良貨を駆逐する」というグレシャムの法則に支配されるとして，こ
れを改める方法は「なにが金もうけにつながるか」ではなくて，「なにが良い
か」を基準として運営されるネットワーク，すなわち公共放送の導入以外には
ありえないと主張した。

　このW．リップマンの公共放送導入論は具体的建設計画もなく，政府，議会
側に受け入れ態勢が全くなかったために，一部のインテリ層の共感を得ただけ
に止まり，具体的な公共放送設立の動きを起こす要因とはならなかった（中村
［1968］，89頁）。

　以上，商業主義に基づいた巨大ネットワークにより構成されたアメリカの放
送業界は，競争が激烈になるに従い商業放送１本の体制に限界があることを表
面化させたが，1960年代に入り，この問題点が放送組織の具体的な建設計画へ
結びついて，２本立ての体制へと移行していくわけである。次項では，その引
き金となったカーネギー勧告を中心に公共放送設立までの過程を追っていく。

4.2　放送制度の再検討

　前項において1952年にFCCが新たに非商業教育テレビ用にテレビチャンネ
ルを確保したことを述べたが，これは非商業教育テレビ局と商業テレビ局の間
には「娯楽番組を中心とした一般番組は商業テレビ，より程度の高い教育，教
養番組は教育テレビ」という分業関係を想定した周波数分配計画であった。し
かし，前項で紹介したリップマン論文に代表されるように，非商業教育テレビ

局用に確保されたチャンネルは有効に利用されず，商業テレビ局間の激烈な競争が番組の質的低下をもたらすのみであった。原因としては，非商業教育放送局のチャンネルだけは確保されたが，経済的援助は全くなかったために番組内容が州や学校の補助金をもらいやすい学校向けにものに片寄り一般大衆の興味からかけ離れた番組内容になってしまったためである。（中村［1968］，90頁）

当初予定されていた「程度の高い，教育，教養番組」は全く実現されず，制作費の安い「低い技術レベルの1台のカメラとわずかなイスがある簡素な部屋で録画された討論や講義」の番組ばかりであった（Noll［1973］，p. 220）。

そこで1960年代に入り，この事態を打開するため，設備面に関して連邦の経済援助を与えるために「1962年教育テレビジョン設置法」（the Educational Television Facilities Act of 1962）が成立し，また，フォード財団が教育，教養番組の全国的な制作，配給センターとしてNET（アメリカ教育テレビジョン）ネットワークを設立したが，非商業教育放送は停滞を続けた。そのような状況の下に，放送制度のあり方を再検討し，公共放送の導入という考え方を打ち出したのが，ギリアン（James R. Killian）を委員長とする教育テレビジョン委員会（Carnegie Commission on Educational Television），通称カーネギー委員会であった。

これはカーネギー委員会と呼ばれるところからもわかるようにカーネギー財団が中心となり，1965年秋に設立された委員会であり，50万ドルの資金と1年余りの月日を費やし，1967年1月に「公共テレビジョン組織の建設に関する勧告」（Public Television ; A Program for Action）という勧告を政府，議会に提出した。

勧告の内容は12項目に分かれているが，それは次の4つの領域に関するものである（Carnegie Commission［1967］，pp. 1-10）。

①教育テレビジョンを拡大，強化するために直ちに行動をおこすこと（勧告1）
②新たに，公共テレビジョン公社を設立すること（勧告2～9）
③公共テレビジョンに対して強力な連邦政府援助をおこなうこと（勧告10～11）

④テレビジョン制度の発展に関する研究を継続しておこなうこと（勧告12）
（勧告19）

②で提言されている公共テレビジョン公社については，その勧告２で「公共
テレビジョン放送の育成強化を目的として政府および民間の資金を受けとり，
これを支出する権限をもつ政府の機関でも営造物でもない非営利法人『公共テ
レビジョン協会』」という構想を提案している。また，この公共テレビジョン
協会の提供する番組を「教育番組」（institutional television program）と「公
共テレビジョン番組」（Public television program）とに分け，商業テレビジョ
ンの提供する番組も加えて，３つの番組の役割分担を次のように述べている。

①商業番組：多数の視聴者を得ることを目ざし，気晴らしのため，楽しめる
　　　　　　ものを主体とした番組
②教育番組：物事を習び改善して作り上げてゆこうとする人々の本性に訴え，
　　　　　　視聴者に対して番組によって習得した知識なり技能なりを，後
　　　　　　日のために役立てることを要求する番組
③公共テレビジョン番組：商業テレビの番組のように娯楽に重点をおかない
　　　　　　だけで，人々のヒューマン・インタレストに訴えるすべての事
　　　　　　象，すべての問題をテーマとしてとり上げる。

このように，商業放送と公共放送はお互いに異なった役割分担を持ち，補完
性を持ったサービスを提供することを目指すという，商業放送と公共放送の分
業関係を明確にしている。これは，商業放送主体のアメリカの放送事業におい
て，商業放送が提供する番組の限界を超えた社会のあらゆるニーズに応えよう
とする試みであり，特に「多様化」と「番組の質の面でのリーダーシップ」
（中村［1968］，96頁）を公共放送の役割としている点は注目に値するものである。
　以上，カーネギー勧告の内容を紹介したが，1967年１月に政府に提出された
勧告は直ちに，ジョンソン大統領によって採用され，翌月の28日には，早くも
公共テレビジョン協会を中核とする公共テレビジョン組織をつくるための立法
措置を要請する大統領教書が上下両院へ送られた。

158　第Ⅲ部　地域メディアをめぐる政策議論

そこで，次節において，このカーネギー勧告に基づいて新たに設立された公共放送公社とそのネットワークについて明らかにする。

5　公共放送公社とネットワーク

5.1　公共放送法の概要

カーネギー財団が1967年1月に公表した「公共テレビジョン組織の建設に関する勧告」はいち早くジョンソン大統領に採用され，議会において紛争の種となりそうな物品税に関する部分など一部を除いただけで，ほぼ勧告の趣旨を生かし，1967年3月「1934年連邦通信法の一部を改正する法律案」として上下両院に送られた。

この改正法案が一般に1967年公共放送法（the Public Broadcasting Act of 1967）と呼ばれているもので，次の3つの部分から成っている（Gibson [1977]，pp. 132-133）。

① （TitleⅠ）従来，1962年教育テレビジョン設置法（the Educational Broadcasting Facilities Act of 1962）により行われていた非商業教育テレビ局に対する建設資金の援助を引き継ぎ，新たにラジオ局も援助の対象に加える。

② （TitleⅡ）公益を守る立場から，地方，全国レベルで，すべての市民が非商業教育放送サービスを受けられるように，教育放送の充実を図る。そして，この目標を達成するために，公共テレビ公社（the Corporation for Public Television：CPB）(1) を設立する。

③ （TitleⅢ）保健・教育・厚生省（the Department of Health, Education, and Welfare：HEW）に学校教育番組の持つ価値等について研究を行う権限を付与する。

この法案の中で注目すべき点は，非商業教育放送局に対する建設資金援助と公共放送公社であるCPBの設立に関する点であるが，前者については，下院で

第8章　米国のローカリズム原則と非商業放送制度　159

修正を受け，後者についても下院修正案が採用された。そして，1967年11月7日ジョンソン大統領の署名により，この法案は成立し，公共放送が誕生したわけである。

そこで成立した公共放送の内容を，上に挙げた2つのポイントを中心に紹介する。

①非商業教育放送施設に対する建設援助資金

これは，今後，各州に建設される非商業教育テレビ局，ラジオ局に対する建設援助資金で，HEW長官の管轄の下に，各局から提出された申請書により与えられる資金であるが，3年間に3,800万ドルに支出することが規定された（公共放送法390～395条）。各年度の支出額は下記の通りである。

1968年会計年度　1,050万ドル
1969年会計年度　1,250万ドル
1970年会計年度　1,500万ドル

②公共放送公社の設立

公共放送法396条に公社に関する条文があるが，要約すると次のようになる。

a．1968会計年度予算から900万ドルを支出してCPBを設立する。

b．CPBは，本法の規定に従い，「コロンビア特別区非営利法人法」に基づいて設立される非営利特殊法人とする。

c．CPBに15名の理事をもって構成する理事会をおく。理事は8名を超えるものが同一の政党に関係しないことを条件として，全員上院の同意をえて大統領が任命する。理事の任期6年，留任はできない。

d．CPBの役職員および雇員の任命・昇進その他の人事問題に関して政治的審査または資格検定をしてはならない。

e．CPBはいかなる政党または公選による公共機関の候補者に対しても，寄付もしくはその他の支持を与えてはならない。

f．CPBの業務
・非商業教育ラジオ・テレビ局に対する番組提供のための中継回線の設立と発展の援助。

- 1以上の非商業教育ラジオ・テレビ局の放送組織の設立と発展を支援。
- 教育ラジオ・テレビ番組の制作，入手のための番組制作機関等との契約の締結および助成金の付与。
- 非商業教育ラジオ・テレビ局に対する番組制作費の援助。
- 非商業教育ラジオ・テレビ番組のライブラリーおよび資料保存館の設立・維持。
- 非商業ラジオ・テレビ局の新設の促進。
- CPBは次のものを所有し，運用してはならない。

  放送局，ネットワーク，CATVシステム，番組制作施設，中継回線。

g．CPBは，毎年大統領を経て議会へ年次報告書を提出しなければならない。また毎年外部機関の会計検査を受けなければならない。

h．教育ラジオ・テレビ番組とは，主として教育的・文化的な目的のために制作された番組をいう。

i．非商業教育ラジオ・テレビ局は社説，放送を行ってはならない。また，いかなる公職選挙候補者をも支持もしくは批判してはならない。

j．保健，教育，厚生長官に対して50万ドルの資金で，ラジオ，テレビ放送，閉回路テレビ，フィルム，スライドなどを学校教育に利用するための方法について総合的な研究を実施する権限を与える。

以上のCPBの規定の中で，特に注目する必要があるのは次の3点である。

第1はCPBの設立，運営資金として，テレビ受信機に対する物品税をあてることが提案されていたが，それが法案作成過程で除かれ，法案ではa.に記したように，単年度の予算から支出されることになり，財政面での公社の自律性が完全に確立されていないこと，第2には，理事の選任においては，同一政党関係者の過半数支配を防ぐ規定があるが，これは政治的圧力により，CPBの運営の自主性が妨げられないようにする工夫であること，第3に，他の放送企業が自らの市場を守るため政治的圧力をかけた結果，上院および下院で修正された2項目についてである。それはCATV業界からの圧力により，CPBはCATVシステムの所有ができなくなったことと，公共放送が商業放送にとって脅威とならないようとられた娯楽番組の放送に関する間接的な規制である（前記のh.

項を参照）。

この3点のうち，公共放送の自律性を不安定にしている運営資金問題については財政上の自律性確保のために，その後，制度の改正が行われた。

5.2 公共放送の組織と運営

前項において，公共放送法の概要を紹介したが，その中に公社の業務として「1以上の非商業教育ラジオ・テレビ局の放送組織の設立と発展を支援」することが挙げられており，この中には全国の放送局に同時に番組を放送するための中継組織，ネットワークの設立が含まれているが，公共テレビの全国ネットワークは1969年11月に設立された。

これは「公共放送サービス」（Public Broadcasting Service：PBS）と呼ばれるネットワークで，非商業教育テレビの全国ネットワークであった「全米教育テレビジョン」（National Educational Television：NET）を引き継ぐ形で発足した。(2)そしてPBSはCPBから次の3つの重要な権限を移譲された。

①番組を選択する権限
②CPBの資金で番組を調達する権限
③番組を一定のスケジュールに従ってマイクロ回線でローカル各局に配給する権限

以上のような権限を与えられたPBSとCPBは**図表8－1**の示すような関係にある。第1に，資金の流れについては，連邦政府からと各放送局からの2つのルートがあるが，CPBに集まる資金は，PBS，主要プロダクション，ローカル局，そしてCPB自身に配分され，CPB自身の運営費を除いては大きな2つの項目に支出されている。

第1項目は，番組製作，特にネットワークを通して全国放送する全米向け番組の制作費として，図表8－1に示されているような，制作拠点局や主要プロダクションに配分される。たとえば，日本でもかつて放送されていた児童向け番組「セサミストリート」（Sesame street）は，主要プロダクションの1つCTW（Children's Television Workshop）で制作され，PBSネットワークを通

図表8－1　公共テレビの組織と運営

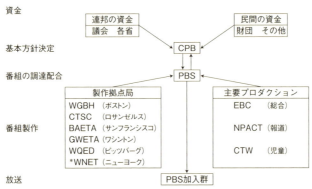

注：＊WNETはEBCの直営局。
出所：中村［1973］，35頁。

じてPBS加入局に送られる。

　第2項目は，ネットワークの運営費である。これは主にPBSに支出される資金で，PBSの活動は，このCPBからの収入，ローカル局からの収入，財団，企業からの寄付により支えられている。また民間の資金の内容については，財団からの寄付は，NET時代から公共放送に多くの援助を与えてきたフォード財団が大きな存在であり，その他では企業からの寄付が多い。企業からの寄附は'underwriting'と呼ばれている。この寄附により制作された番組は，番組開始前と終了時に，「この番組は○○社の協賛により制作されました。(This program has been made possible by a grant from ○○.)」というテロップが流れる。

　第2に，全国放送の番組編成の決定過程については，公共放送の番組選択権限はPBSにあるが，PBS独自の判断で決定されるのではなく，ローカル局の総意により方針が決定され，主要プロダクション，制作拠点局に番組製作が依頼され，そこで製作された番組が加入局へ配給されるシステムになっている。そして，加入局では独自の判断でPBS配給番組を放送するか否かを決定することができる。放送しない場合は，ローカル局独自が代替番組を探して放送するわけである。

　さらにPBSの内部では経営委員会，理事会をローカル局の代表により構成し

てローカル局の意見を反映させるとともに，1974年5月には新たに，「番組協会機構」(the Station Program Co-Oporative，略称SPC) という組織ができた。

この組織は，あらかじめローカル局が自分で購入したい番組を製作予定リストの中から選び，投票しその結果に基づいてPBSが制作を依頼する全国番組を決定するシステムを運営するために設けられた組織で，SPCの設立により，個々の局は自局の編成方針に合わせて番組を購入することができ，また同時により多くの局が番組の制作費を分担することになり，各局の分担が少なくなるというメリットが生じている（ガン［1975］，6頁）。

以上，公共放送組織全体の資金の流れと運営方式をみたが，前述したように，この組織は既存の非商業教育放送局を強化して，魅力ある番組を提供する公共放送組織に成長させていこうという意図から設立された組織であるので，個々の加入局の特色を十分に生かすようにしている。

PBSのネットワークのことを中央集中型の商業放送が使用している "network" と言葉で表現せずに "interconnection" と呼んでいることにもその意識をみることができるし，また，このような分権的なシステムの背景には，単一民族国家ではなくヨーロッパ，アフリカ，極東から多くの民族が集団で移住して社会を作ってきた多民族国家という社会的背景があることを忘れてはならない。PBSの会長であったH．ガン氏は，このアメリカ的公共放送像を次のように語っている。

　アメリカ各地のコミュニティは代々，特殊な伝統を引き継いで今日に至っており，それぞれが何らかの特殊性をもっているのである。都市や町にも，それぞれ独自のニーズや問題がある。これらのコミュニティにサービスする公共テレビ局としては，当然のことながら，それぞれのニーズに合わせたサービスをしなくてはならない。このためにも，各放送局はそれぞれ独自の方針にもとづいて視聴者サービスができるようになっていなければならないのである。（ガン［1975］，6頁）

資本主義経済制度の発達した米国において，CPBとPBSを中核とする公共放送がFCCの電波配分原則により全国のコミュニティに配分された非商業用放

送局を集約する形で設立されたということは，米国の商業放送を中心とした放送制度の中で極めて大胆な試みであった。

6 ネット時代のPBS—事例研究　ハワイ州の公共テレビ局（PBS Hawai'i）

　公共放送PBSが設立され50年が経過した。その間，衛星放送の登場，それを足掛かりとしたケーブルテレビの多チャンネル化，インターネットの登場によるIPTVの実現，スマートフォンの登場による若者のテレビ離れ，SNS経由の映像情報の多様化がテレビ放送を取り囲むメディア環境を大きく変容させることとなった。それは，ローカリズム原則が確立された電波の希少性に基づく放送政策の技術的基盤を根底から覆すものであるが，今日においても，ローカリズム原則は継続されPBSも存続を続けている。

　商業放送においては，第4のネットワークとしてFOXが登場，さらにケーブルテレビ加入者を対象としたニュースチャネルであるCNNも地上波の4つのネットワークに対抗可能な報道メディアとして成長を遂げている。そのようななかで，PBSはどのような形で，コミュニティのメディアとして活動を続けているのであろうか。以下では，ハワイ州のKHET（PBS Hawai'i）を事例として取り上げ，その存在意義を明らかにしたい。

　KHETは1965年，PBS発足前にハワイ州唯一の非商業放送局としてスタートした。当初は州政府の運営する独立法人として，ハワイ大学キャンパスに設立された。しかし，財政的基盤が脆弱なこともあり，1998年には，ケーブルテレビ局の公共アクセスチャネルであるオレロ（Olelo）との合併計画も検討された。オレロはケーブルテレビ局の資金により運営されていたので財政的には豊かであったが，番組制作スタッフが十分ではない，逆にPBSは，制作スタッフは充実しているが番組制作資金が十分ではないという事情から，この2つの組織を合併させるという案が提案されたのである。

　しかし，この計画は実現には至らず2000年に，KHETは，州政府から離れ，連邦資金と独自に調達する資金だけで運営される公共放送局PBS Hawai'iとなった。

第8章　米国のローカリズム原則と非商業放送制度　165

さらに，2016年，ハワイ大学との建物の長期賃貸契約が終了したのを期に，PBS Hawai'iは空港近くに新社屋を建て移転することとなった。

現在のPBS Hawai'iの社長兼CEOであるレスリー・ウィルコック（Leslie Wilcox）氏はそのような放送局の移転を機に，「コミュニティに支えられる開かれた公共放送局」としての活動をさらに活性化させようとしている。

2018年の同社年次報告書によると収入内訳は以下のようになっている。

- 企業からの支援　　　　　　　　　　44%　　（4,179,018 US$）
- 個人寄付　　　　　　　　　　　　　20.9%　（1,982,530 US$）
- CPBからの援助　　　　　　　　　　14.3%　（1,351,953 US$）
- 地元支援キャンペーン　　　　　　　8.5%　　（809,046 US$）
- HIKI NOを含む特定事業への助成　　7.4%　　（699,220 US$）
- 投資・利子収入　　　　　　　　　　3.8%　　（355,553 US$）
- 一般助成　　　　　　　　　　　　　0.8%　　（78,215 US$）
- 番組販売収入など　　　　　　　　　0.2%　　（19,171 US$）
　合計　　　　　　　　　　　　　　　　　　　9,474,706 US$

以上のように収入源は多岐にわたっているが，アンダーライティングと言われる企業，財団などからの番組制作費支援，個人寄付を合わせると総収入の半分を超え，そこにCPBからの支援14.3%が上乗せされた合計額は総収入の8割に近い。

企業，財団からの支援はハワイ州以外からの支援も含まれているが，それ以外の個人寄付，地元支援キャンペーン，特定事業の助成などは州内からの収入だとするならば総収入の半分近くはコミュニティ収入であるとの側面もこの数値から読み取れ，PBS Hawai'iは，財政的側面からみてもコミュニティに支えられたPBSである。

放送局の番組と社会活動をみても，コミュニティの放送局として活動は明確である。たとえば，電子的タウンホールの一例として，KAKOUという視聴者参加型の2時間討論番組の生放送がある。これは，新設されたスタジオに視聴者40名ほどを集め，特定のテーマで，テーマに応じた専門家とともに行われる

166 第Ⅲ部　地域メディアをめぐる政策議論

討論番組である。

　さらにSNS時代の新しい試みとして，月5ドルの会費でPBSのウェブサイト経由でもPBS番組の視聴が可能となるような新たな会員制度を導入した。これにより自宅のテレビではPBS番組に接する機会の少ない若者にもPBSへの関心を高めるという施策も模索している。

　若者への働きかけということでは，中学生と高校生を対象としたHIKI NOというプロジェクトを開始した。このプロジェクトには，オアフだけではなくカウアイ島，ハワイ島の中高生も参加している。映像撮影の技術だけはなく各島の地元の映像制作の専門家からPBSの放送番組としても放送可能な水準の番組制作のためのルールを学びながらの番組制作トレーニングが実施される。制作された番組は，HIKI NOのFacebookあるいはInstagramサイトでも紹介されている。

　以上，PBS Hawai'iを事例に今日における公共放送局のメディア・ローカリズムとしての事例紹介をした。

7　おわりに──PBSにみる米国のメディア・ローカリズムの特質

　前節では，ホノルルに拠点を置くPBS，PBS Hawai'iを事例に，今日のPBSの新たな展開を紹介した。しかしながら，この放送局は，米国本土にみられるような典型的はPBSではない。ハワイ州という極めて多様な人種が共存し，その人種構成もアジア系がマジョリティであり，しかも，州内に唯一のPBSとして存在するPBS Hawai'iを取り上げた。

　換言するならば，本事例は米国のPBSの中での平均像を示すものでもないが，きわめて活発な成功事例である。また，日本の公共放送制度との比較においては，地政学的な共通点もある。

　PBS Hawai'iは他のPBSと同様に連邦政府からの援助もあるが，その援助額は総収入の2割にも満たない。かつては州立大学であるハワイ大学との関係も深く，同大学のキャンパス内の放送局があったが，今はその放送局もキャンパス外となり，州政府からの財政的支援はない。そのようななかで番組制作を通した独自の資金集めを行い，地域住民に向けた番組を数多く制作をしている。

第8章　米国のローカリズム原則と非商業放送制度　167

　ネット時代においても，このような公共放送システムが機能し，社会に浸透しているのなぜであろうか？

　本章でも詳述したように，米国では1950年代初頭にローカリズム原則に基づくテレビ用電波配分が実施され，それはネット社会の今日においても継続している。しかし，1960年代には「視聴者数最大化」原則（菅谷・中村 [2000]，9頁）に基づく商業放送は順調な発展を遂げるなかで，いわゆる俗悪番組が次々と登場し，その一方で財源の乏しい非商業放送局はその存在意義を問われるような状況であった。そのなかで，1967年に当時の民主党政権のもとに誕生したのが現在のPBSである。それは，連邦予算からの番組制作費支出が組み込まれた極めてユニークな公共放送制度である。

　すでに，PBS誕生から半世紀が経過し，その間には，共和党政権の時代も長く続いた。そのような政治的環境の中でも，PBSが継続し，ネット社会の今日においても，コミュニティの公共放送局として存在し続けている状況は，まさにメディア・ローカリズムの一側面として捉えることができる。同時に，それは米国のメディア・ローカリズムの特質として捉えることができる。

付記

　本章第2節から第4節は，菅谷 [1979] 第II部第2章に基づいている。

《参考文献》

内川芳美 [1966]「アメリカの放送における社会的責任論—その系譜と展開」『放送学研究13』。

ハートフォード・ガン（PBS会長）[1975]「特別寄稿　新しい波—アメリカの公共放送」『放送文化1975年6月』。

菅谷実 [1979]『公益事業としての放送事業—放送事業における公共放送の役割—』（未刊行論文）。

菅谷実 [1997]『アメリカのメディア産業政策』中央経済社。

菅谷実・中村清 [2000]『放送メディアの経済学』中央経済社。

中村晧一 [1968]「アメリカにおける公共放送建設計画」『放送学研究17』。

中村晧一 [1973]「アメリカの公共放送(1)—発展を支えた要因」『文研月報，1973年4月号』。

Carnegie Commission [1967] *Public Television—A Program for Action.*

Gibson, George H. [1977] *Public Broadcasting-The Role of the Federal Government*, 1912-76.

Noll, P. G. [1973] *Economic Aspect of Television Regulation.*

第Ⅲ部　地域メディアをめぐる政策議論

第9章

日本の電波割り当てと地域情報流通機能

脇浜　紀子

1　はじめに

　2016年11月より，総務省において「放送を巡る諸課題に関する検討会」（以下，「検討会」）が開催され，情報通信技術の進展がもたらした視聴環境の変化等に対応する放送の諸課題について検討が行われている。主な検討事項の中に，「放送における地域メディア及び地域情報確保の在り方」がある。

　デジタル技術の革新により，たとえば，在京キー局のコンテンツが衛星放送やインターネットで全国配信できるようになり，これは，キー局から番組供給を受けている現行のローカル局のビジネスモデルの崩壊を意味する。「検討会」の第一次取りまとめは，「従来の民間放送事業のモデルが揺らぎつつある中で，特に地方において，今後のビジネスとしての収益性の確保にどのように取り組んでいくかが課題となっている」（19頁）と指摘し，さらに「地域情報や災害情報等といった国民・視聴者が求める情報の提供といった公益性は，必ずしもビジネスとしての収益性とは合致しない側面もあるため，収益性と公益性の両立に配意することも必要である」（19頁）と言及している。

　このように地上波民放ローカルテレビのあり方が問われるなか，本章では，その議論の基礎となる放送サービスの地域性機能に関する現況分析を行う。具体的には，放送対象地域ごとに設定された地上波民放テレビの置局数をもとに，都道府県単位で地域情報流通機能を比較して，問題点を提示する。「検討会」の分科会である「地域における情報流通の確保等に関する分科会」では，「頑張るローカル局を応援する」という視点で，地域に必要な情報流通の確保を検

討しているが，関東・中京・近畿の広域圏を放送対象地域とする放送事業者は対象外とされている。県域局に比べ，収益性という課題の深刻度が低いことが考慮されての区別かもしれないが，地域の住民がアクセスできる地域情報量では，むしろ，エリアが広く，人口も多い広域圏の方が不利になる側面もある。電波の公共性に鑑みれば，可能な限り公平に情報流通機会を確保する制度設計とするべきで，現在の政府の議論において見落とされている大都市圏も含めて，放送の地域情報流通機能を評価するフレームワークを探るのが本章の目的である。

　本章の構成は，第2節で放送の地域性をめぐる先行研究を簡単に整理し，第3節で議論の前提となる放送事業の公益性，民放ネットワークの発展，放送対象地域，の3点について，概略を述べる。第4節では，地上波民放テレビの地域情報流通機能分析の枠組みを説明し，分析データから考察を行う。第5節では，「アクティブ・アクセス」という地域情報への主体的アプローチ概念を導入してのデータ分析を行い，第6節で本分析から得た知見と提言をまとめる。

2　放送の地域性

　日本の放送制度設計は，非営利・受信料モデルの公共放送（NHK）と営利・無料広告モデルの民間放送の二元体制であるが，後者に対しては，原則県域を基本単位とする地域免許制度が適用されており，放送の「地域性」が意図されている。しかし，実際には，事業者の経営効率追求の結果，ネットワーク（系列）が形成され，「地域性」よりもむしろ在京キー局発の「同報性」「同質性」が達成，強化されてきた（脇浜［2015］，8頁）。

　放送の「地域性」を問う先行研究としては，井上［2009］が，2008年改正放送法で導入された認定放送持株会社制度で地方局の子会社化が進んでも，「『地域性』保障が損なわれることだけは回避せねばならない」（502頁）と述べている。また，「地域社会への貢献」の視座から複数のアンケート調査を分析した吉次［2009］は，「視聴者・自治体ともに，地元の地上波テレビ局が地域情報を充実させることを期待している」（33頁）ことや，地域放送に対し「量」よりも「質」の充実を求める視聴者と，「量」を比較的重視するテレビ局との認

識の差があることを指摘している（33頁）。しかしながら，これらの論考では，「地域性」を客観的に評価する指標は示されていない。

　他方，村上［2017］は，放送史の視点から初期のラジオ放送の地域性形成過程を振り返るにあたり，NHKの各地域の放送局の自局編成比率（民放は自社制作比率）という客観的指標を用い，「放送エリアや放送時間量から見た地域性は時期によって大きく変化した」（44頁）と論証している。本章ではこれに倣い，地上波民放テレビ事業の「地域性」を議論するフレームワークとして客観的指標を導入し，地域情報流通機能の現況分析を行う。

3　テレビ放送事業の制度設計と産業構造

　この節では，国民の共有財産である電波の割り当てを受ける日本のテレビ放送事業が，「非公式」なネットワークの存在と，行政裁量による放送対象地域区分を前提として行われるようになった経緯を確認する。

3.1　放送サービスの公益性

　まず「放送サービスの公益性」について簡単に整理しておきたい。放送が他のメディアとは異なり，規律上も公益性や公共性を求められるのは，①使用する電波の有限希少性，②同時性・同報性による社会的・文化的影響力，という特性のためと解されてきた。

　放送と通信の融合に対応すべく，2010年に実施された60年ぶりの通信・放送法体系の見直しでは，放送制度が統合され，それまでの「有線」「無線」の区分から「基幹放送」「一般放送」という規律に変わり，放送の定義も「無線通信」から「電気通信」と改訂された。つまり，定義上は「電波」の特別扱いがなくなったわけだが，従来の地上波民放局は，特定地上基幹放送事業者として自ら放送用無線局を保有してこれまで通り，「使い勝手の良い周波数帯」（湧口［2002］，129頁）とされる電波を使用して事業を継続できることになっている。

　ここで重要なのは，デジタル圧縮技術や電波技術の進化で放送サービスは多様化したが，電波の有限希少性自体が失われたわけではないということである。Society5.0といわれる，あらゆる「モノ」が無線通信でインターネットに接続

するIoT（Internet of Things）社会の到来や，移動通信技術の高度化で，電波資源への需要はますます高まることが予想され，内閣府の規制改革推進会議では，電波の有効活用の観点から，「電波制度改革」と「放送を巡る規制改革」が議論された[1]。

　また，放送事業においても4K・8Kという放送の高度化でさらなる周波数利用を睨んでいる。データトラフィックが拡大するなか，情報伝達に優れている300MHz〜3GHzの極超短波（UHF）帯のうち，1割近くの470MHz〜710MHzを，携帯電話会社などと比べて少ない電波利用料の負担で地上波民放テレビ局が事業を行っている[2]ことは不均衡ではないかと，たびたび問題視されているが（砂川［2019］），これに対し，日本民間放送連盟［2018］は「公共的役割」を担っていることを従来通り強調している。特に，地上放送波は地域ごとに割り当てられていることから，地上波民放テレビの放送サービスは，地域情報の流通に関して大きな影響力と責任があるといえるだろう。

3.2　民放テレビネットワークの発展

　次に，地域情報流通機能に多大な影響を及ぼす「民放ネットワーク」の発展経緯を振り返る。

　現在，国内には，民放テレビ局が127あり，いずれも地域放送免許を交付されている。そのうち114局は5つのネットワーク系列に組織化されていて，それぞれの系列局間で，ネットワーク協定を結んでいる。ネットワーク協定には，「基本協定」「業務協定」「ニュース協定」などがあり，たとえば，ゴールデンタイムの番組の全国ネットでの同時放送や，中央での広告枠の一括セールスとその配分法などを規定している。

　複数放送事業者間の業務提携であるテレビネットワークは，米国では，地域テレビ局経営とは切り離されて運営されるネットワークに，主要地域にあるそのネットワークの直営局と，その他資本の加盟局が参画する形の組織構造なのに対し，日本ではネットワークという独立した事業体は存在せず，関東ローカル局である在京キー局がネットワークを兼ねるような形となっている（**図表9－1**）。

　日本の民放ネットワーク形成過程については，村上［2010］が，1950年代か

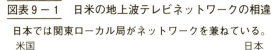

出所：筆者作成。

ら概ね10年ごとに区切って，議論の経緯も振り返りながら詳述している。ネットワークの発展の現象面だけを要約すると，1県1局程度の置局であった1950年代は，局間の番組交換による緩やかな結びつきであったが，1県複数局化となった1960年代にはニュース分野からネットワークの固定化が始まり，1970年代には，「腸捻転解消」（ねじれ状態にあった毎日，朝日系の在京・在阪局を資本関係に沿って整理）とともに，ネットワークと全国紙の結びつきが明確化し，5大ネットワークが確立した。

1980年代には，ネットワークを前提とした「地上波民放テレビ4局化構想」で受信機会平等を目指す政策が採られたが，1990年代には経営環境の悪化から多極化政策には区切りがつけられた。2000年代になると，やはりネットワークの存在ありきで，地方局の経営基盤強化と地域情報格差是正のため，マスメディア集中排除原則緩和などの制度改正が相次いだ。

ここで，村上が指摘するのが，ネットワークの存在自体は法的には位置づけがされていない，いわば非公式なものであるのに，地域局の設立・経営にも大きな影響力を持ち，近年の「制度改正をめぐる議論の中では，民放経営に欠かせない存在として扱われている」（40頁）という点である。私企業間で行われてきた経営上の取引から形成されたネットワークが，現在の放送事業の公益性や地域性の達成を目指す制度設計の前提となっていることには注意を払う必要がある。しかも，こうした経営上の取引は，デジタル時代以前のメディア環境で成立したものであり，保護された産業ほどイノベーションよりも従来モデルを維持しようとする力が働きやすいことにも留意しなければならない[3]。

3.3 放送対象地域をめぐる論点

ここでは放送対象地域の規律を整理する。放送対象地域とは,「同一の放送番組の放送を同時に受信できることが相当と認められる一定の区域」(放送法第91条第2項第2号)のことであり,その地域の自然的,経済的,社会的,文化的諸事情や周波数の効率的使用を考慮して,基幹放送普及計画において規定することになっている。

民放テレビに関しては,原則,都道府県行政単位が放送対象地域となっていて,現在,42の県域(都道府県含む)があり,例外は,県域局がない茨城と,複数の県域での相互電波乗り入れ地域となっている「鳥取・島根」と「岡山・香川」である。そして,これ以外に,三大広域圏といわれる関東広域圏(東京・神奈川・埼玉・千葉・茨城・栃木・群馬),近畿広域圏(大阪・兵庫・京都・滋賀・奈良・和歌山),中京広域圏(愛知・岐阜・三重)がある。国内のテレビ放送はこの三大広域圏から始まり,現在は**図表9-2**の構成となっている。

紀伊[2004]は,わが国の放送対象地域の設定の歴史的概念は,1952年7月31日の電波監理委員会決定「わが国におけるテレビジョン放送実施に対する電波監理委員会の方針及び措置」と同年12月5日の郵政省発表「三大地区(京浜・名古屋・京阪神)テレビジョン放送用周波数割当計画」が端緒だとし,テレビ放送の黎明期には,「放送対象地域を大とすることが実勢にかなうと認識していた」(40頁)と指摘している。三大都市圏は広域,その他の地域では県域を放送対象地域とする方針が固まったのは,1957年の「テレビジョン放送用周波数の割当計画表(第一次チャンネルプラン)」,いわゆる「田中角栄郵政大臣の一括大量免許交付」の時で,この後,ネットワークの固定化が進んだのは前項で述べた。

放送法の放送対象地域の定義が曖昧なため,当初認識されていた広域圏の合理性が霧散し,大臣の裁量で県域が制度化されたわけだが,放送事業の基盤となる地域の経済力にばらつきがあったため,ほどなく「受信機会の格差」という問題を生むことになった。つまり,4局以上のテレビ放送が行われる地域と,3局以下しかない少数チャンネル地域との格差である。

先行研究のほとんどは,少数チャンネル地域の視聴者が不利益を被っている

174 第Ⅲ部 地域メディアをめぐる政策議論

図表 9 − 2　地上波民放テレビの放送対象地域

放送対象地域の種別	域内自治体
県域圏	北海道(5)・青森(3)・岩手(4)・宮城(4)・秋田(3)・山形(4)・福島(4)・新潟(4)・富山(3)・石川(4)・福井(2)・山梨(2)・長野(4)・静岡(4)・広島(4)・山口(3)・徳島(1)・愛媛(4)・高知(3)・福岡(5)・佐賀(1)・長崎(4)・熊本(4)・大分(3)・宮崎(2)・鹿児島(4)・沖縄(3) 栃木(1)・群馬(1)・埼玉(1)・千葉(1)・東京(1)・神奈川(1)・愛知(1)・岐阜(1)・三重(1)・滋賀(1)・京都(1)・大阪(1)・兵庫(1)・奈良(1)・和歌山(1)
複数県域圏	〈鳥取・島根〉(3) 〈岡山・香川〉(5)
広域圏	〈茨城・栃木・群馬・埼玉・千葉・東京・神奈川〉(5) 〈愛知・岐阜・三重〉(4) 〈滋賀・京都・大阪・兵庫・奈良・和歌山〉(4)

注1：茨城を除く広域圏の各都府県には独立の県域局が1局ずつ配置されている。
注2：（　）内は置局数を示す。
出所：筆者作成。

という文脈で「受信機会の格差」を問題としている。たとえば，前出の紀伊 [2004] は，情報公開法で請求した旧郵政省の内部資料を分析し，「4局化政策」推進のため新たに放送用に割り当てられた周波数が，開局に至らず割当削除された経緯に，キー局の支援が得られなかったことや，当該放送対象地域内の既設局の反対があったことを示し，「『送り手』側の論理だけで進められており，視聴機会均等という『受け手』の立場はまったく反映されていない」（43頁）と批判している。

　また，紀伊 [2007] でも，置局格差を是正して「視聴機会の均等を確保すべきである」（15頁）と強く訴えている。つまり，少数チャンネル地域では，在京キー局が制作する主にドラマやバラエティーなどの娯楽番組の一部にアクセスできないことが問題とされてきたわけだが，近年の技術革新で，インターネットによる番組の見逃し配信サービスなど，中央の番組を地域に伝送する代替手段が登場してきており，このアクセス問題は解消しつつある。この流れを受けて，政府での放送政策の主眼も，放送対象地域別の「受信機会格差の是正」から，「地域における情報流通の確保」へと移行してきたといえる[4]。

4 地域情報流通機能分析

4.1 分析の枠組み

前出の「検討会」の第一次取りまとめでは,「地域に必要な情報」を「地域情報」と「地域コンテンツ」に分類し,前者を「地域の視聴者に視聴ニーズのある情報及び地域に関する情報」,後者を「地域の放送事業者が発信しているオリジナル番組」と捉えているが,実際のところ,視聴者がテレビ視聴を通じてどのくらいの地域情報を得ているかを計測するのは,困難である。

そこで,本分析では,視聴ニーズや番組の内容ではなく,放送メディアの特性として,1チャンネルにつき最大で1日24時間の放送枠しかとれないことに着目し,各放送対象地域の置局数をもとに,当該地域の地域局が放送できる時間の総量を,「地域情報流通枠」と定義して,それを都道府県単位で比較する。放送対象地域単位ではなく都道府県単位とする理由は,災害対応も含む地域行政や選挙などが,原則,都道府県単位で行われており,それらに関わる地域情報流通も当該単位で比較するのが妥当と考えるからである。

地域情報流通枠は,住民が情報を受容する(テレビを見る)という局面では,地域情報取得に費やせる自らの視聴可能時間内でどの情報を得るかという選択はあるものの,選択後は他の視聴者との競合関係はなく,複数が同時に受容で

図表9-3　地域情報流通機能分析の2つの指標

出所:筆者作成。

176 第Ⅲ部 地域メディアをめぐる政策議論

きる。しかし，住民がその枠を使って（たとえば，取材を受けて）情報を発信
するという局面では競合の可能性があり，「地域における情報流通の確保」の
前提となる客観的かつ基礎的指標といえる。なお，ここでは，いわゆる電波の
スピルオーバー，区域外再放送，マルチチャンネル放送[5]は考慮しない。

基本となる指標は次の２つである（**図表９－３**）。

①地域情報流通可能枠（時間/年）は，仮に，各局がすべての放送時間を自

図表９－４　自社制作比率域内平均（2016年４月６日～12日）

放送対象地域	放送対象地域平均（%）	放送対象地域	放送対象地域平均（%）
北海道	15.5	三重	13.8
青森	7.6	関西	34.4
岩手	9.3	大阪	10.4
宮城	10.1	兵庫	17.5
秋田	7.5	京都	22.4
山形	6.5	滋賀	8.9
福島	9.1	奈良	8.5
関東	94.4	和歌山	7.1
東京	21.4	鳥取・島根	7.6
群馬	30.6	岡山・香川	10.0
栃木	28.2	広島	15.2
埼玉	27.5	山口	8.3
千葉	31.0	徳島	8.7
神奈川	33.7	愛媛	9.0
新潟	7.8	高知	7.5
長野	9.6	福岡	15.5
山梨	9.3	佐賀	9.8
静岡	11.3	長崎	8.4
富山	8.0	熊本	12.2
石川	9.4	大分	8.9
福井	12.0	宮崎	7.0
中京	20.3	鹿児島	10.0
愛知	6.3	沖縄	7.6
岐阜	6.2		

出所：『日本民間放送年鑑2016』をもとに筆者作成。

第9章　日本の電波割り当てと地域情報流通機能　177

局発の地域情報に充てた場合，最大で年間何時間の流通枠が都道府県内にある
かの指標で，広域圏と相互電波乗り入れの複数県域圏については，便宜上，域
内の都府県数で除する。実際は，広域圏の局が域内の都府県を均等に取り上げ
ることはなく，たとえば，関西広域局であれば，圧倒的に大阪府の情報が多い
のが現状であるが，その割合を算出するのは困難であり，ここでは公平性の理
念に則る。これは，制度設計が機械的にもたらす指標であり，事業者の裁量の
余地はない。

　②地域情報流通実質時間量（時間/年）は，指標①に自社制作比率の域内平
均を乗じたものである。こちらは制度だけで決定されるものではなく，3.2項
で述べたネットワークの私企業間取引も加味した値である。なお，自社制作比
率の域内の平均については，『日本民間放送年鑑2016』より得て算出している
（**図表9－4**）。

　それぞれの指標を式で示すと以下の通りである。なお，この式では，電波乗
り入れ複数県域も「広域」と表し，「県域」「県数」には都・道・府の意味も含
める。

　①地域情報流通可能枠（時間/年）＝（（【県域局数】＋【広域局数】÷【放送
　　対象地域内県数】）×【24時間】×【365日】
　②地域情報流通実質時間量（時間/年）＝（【県域局数】×【自社制作比率
　　a】＋【広域局数】÷【放送対象地域内県数】×【自社制作比率b】）×
　　【24時間】×【365日】

4.2　地域情報流通可能枠をめぐる考察

　①の地域情報流通可能枠を値の高い順に並べたのが**図表9－5**である。当然
のことながら，県域圏では置局数に比例して値が大きくなる。県域5局の北海
道と福岡が4万3,800時間に対し，県域1局の徳島と佐賀が8,760時間と，「都市
部」対「地方」という構図での格差は歴然としている。しかしながら，この変
数の中間値の2万1,900時間を下回るグループに，いわゆる「少数チャンネル地
域」とともに，三大広域圏の都府県すべてが位置していることにも注目したい[6]。

第Ⅲ部　地域メディアをめぐる政策議論

図表 9 − 5　地域情報流通可能枠（年間）

都道府県	地域情報流通可能枠 （時間）	都道府県	地域情報流通可能枠 （時間）
北海道	43,800	愛知	20,440
福岡	43,800	岐阜	20,440
岩手	35,040	三重	20,440
宮城	35,040	福井	17,520
山形	35,040	山梨	17,520
福島	35,040	宮崎	17,520
新潟	35,040	栃木	15,017
石川	35,040	群馬	15,017
長野	35,040	埼玉	15,017
静岡	35,040	千葉	15,017
広島	35,040	東京	15,017
愛媛	35,040	神奈川	15,017
長崎	35,040	滋賀	14,600
熊本	35,040	京都	14,600
鹿児島	35,040	大阪	14,600
青森	26,280	兵庫	14,600
秋田	26,280	奈良	14,600
富山	26,280	和歌山	14,600
山口	26,280	鳥取	13,140
高知	26,280	島根	13,140
大分	26,280	徳島	8,760
沖縄	26,280	佐賀	8,760
岡山	21,900	茨城	6,257
香川	21,900		

出所：筆者作成。

　これは，広域圏が複数の都府県をまとめて1つの放送対象地域としているからであるが，たとえば，仮に，関西広域圏の大阪で，北海道・福岡と同等の4万3,800時間の地域情報流通枠を確保しようとすれば，広域4局が「持ち時間」のすべてを大阪に充てることになり，兵庫・京都・滋賀・奈良・和歌山の情報はそれぞれの県域独立局の1局からだけになり，徳島・佐賀と同じ値となる。

第9章　日本の電波割り当てと地域情報流通機能　179

つまり，「都市部」においても，広域圏では地域情報流通機能の不十分さがみられるのである。

前述の通り，テレビ放送はまず三大地区（京浜・名古屋・京阪神）からサービスが始まり，その後，「県域」が行政の裁量で設定された。三大都市圏が高度経済成長を牽引していた時代には，域内の日常的な人の移動も多く，経済文化圏として一体感があるこれらの地域を，それぞれ広域圏として1つの放送対象地域とすることには合理性はあったといえる。しかし，地方分権化で地方自治体の自立が求められ，都市間競争の時代とも言われる現在，三大広域圏と県域圏というダブルスタンダードで，地域情報流通可能枠に都市部の間でもこれだけの格差があることは，今後の制度設計上の留意点であろう。

4.3　地域情報流通実質時間量をめぐる考察

②の地域情報流通実質時間量を値の高い順に並べたのが**図表9-6**である。県域で1局しか置局されていない佐賀と徳島が1,000時間を下回っており，最小値の徳島は762時間で，最大値の神奈川の8,858時間との差は，約11.6倍である。

平均94.4％という関東広域圏の自社制作比率の高さから，関東広域圏の都県が大きな枠を保持しているが，3.2項で述べた通り，在京キー局は，全国に向けての番組を制作するネットワークの機能も担っているので，その大半は域内の個別地域の情報に特化しているものではないと思われる。

関西と中京の広域圏も，一部，全国向けの番組を制作しているが，関東に比べると相対的にはるかに少なく，全国向けのコンテンツを大阪，名古屋のフィルターを通して伝えるというのは，東京一極集中へのアンチテーゼとしての地域性の意味は見いだせる。また，これ以外の地域局の自社制作比率は，その短い枠をローカルニュースや地域情報番組に充てていると考えられる。

以上のことから，地域情報流通機能の観点としては，関東広域圏の数値を他地域と比較することは適当ではないと判断し，以降の考察は，関東広域圏を除外して行うこととする。

ところで，指標②は自社制作比率を反映させているので，行政によって決められた指標①から，民間企業である地域局の意思決定でさらに絞られて，視聴者に提供される枠である。3局地域の大分（2,347時間）が4局地域の山形

180 第Ⅲ部 地域メディアをめぐる政策議論

図表9－6 地域情報流通実質時間量（年間）

都道府県	地域情報流通実質時間量 （時間）	都道府県	地域情報流通実質時間量 （時間）
神奈川	8,858	大阪	2,922
千葉	8,621	岐阜	2,918
群馬	8,586	滋賀	2,790
栃木	8,376	奈良	2,755
埼玉	8,314	新潟	2,726
東京	7,780	和歌山	2,633
北海道	6,807	大分	2,347
福岡	6,780	山形	2,260
茨城	5,905	山口	2,181
広島	5,309	岡山	2,181
熊本	4,257	香川	2,181
京都	3,973	富山	2,102
静岡	3,960	福井	2,102
三重	3,583	青森	1,997
宮城	3,550	沖縄	1,989
兵庫	3,544	秋田	1,979
鹿児島	3,486	高知	1,963
長野	3,374	山梨	1,621
石川	3,276	宮崎	1,226
岩手	3,269	鳥取	1,003
福島	3,171	島根	1,003
愛媛	3,136	佐賀	858
長崎	2,943	徳島	762
愛知	2,926		

出所：筆者作成。

（2,260時間）よりも上回っていることや，3局地域の富山（2,102時間）と2局地域の福井（2,102時間）が同じ値となっていることは，事業者の経営行動が地域情報流通に大きく影響することを示している。

　こうした事業者の経営行動は，第3節で述べたネットワークの発展経緯や，番組制作力，出資母体との力学，成果をあげた突出した人材の存在など，さま

ざまな要素から決まってくるものである。特に，ネットワーク協定においての全国ネット番組の系列同時放送義務づけ枠は，ローカル局の裁量での差し替えを阻んでいると考えられるが，そうした経営行動の決定要因の分析は本章の範囲外である。ここでは，地域情報流通実質時間量が現に行われている事業者行動であることを捉え，さらなる分析を進める。

5 アクティブ・アクセス

5.1 地域情報流通の二面性

4.1項で述べた通り，地域情報流通枠は，輻輳のない電波の性質上，住民が情報を受容するという局面では競合性はない。地域情報流通枠で提供されている情報に，自らの可処分時間の範囲内で，自由にアクセスすることができる。他方，住民が主体的に地域情報を提供する手段として地域情報流通枠を捉えた場合，つまり「テレビでこの情報を放送してほしい」という局面では競合が発生する。ここで仮に，前者を「パッシブ・アクセス」，後者を「アクティブ・アクセス」と呼び，モデル化したのが**図表9－7**である。

「パッシブ・アクセス」では，提供されている情報を所与のものと捉えるので，流通枠そのものの多寡（選択肢の幅）が問題とされる。「受信機会の均等」という目標は，まさに「パッシブ・アクセス」の側面に着目したものである。他方，「アクティブ・アクセス」では，流通枠の多寡に加え，当該地域の住民が「流通させたい」情報量との関係が考慮されなければならない[7]。また，住民が明示的に「流通させたい」と意識していなくても，「流通させるべき」公益性の高い情報もある。たとえば，事件の発生は，住民は知らされないとわからないが，流通が望まれる情報だろう。また民主主義の発展に寄与することが民間放送に求められている限り，選挙報道なども「流通させるべき」情報である。

以降は，この「アクティブ・アクセス」の視点から，地域情報流通実質時間量の道府県比較を試みる。なお，現実的には，何を放送で取り上げるかはテレビ事業者に決定権があるので，住民が主体的に「放送電波を使う」ことはでき

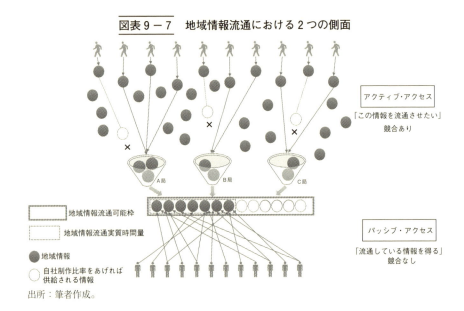

図表9－7　地域情報流通における2つの側面

出所：筆者作成。

ない。また，インターネットやSNSが普及している現在，地域情報を住民が主体的に流通させる手段は「放送電波」だけではないし，テレビ事業者自身が地域情報を流通させる手段もテレビ放送に限定はされない。以降の分析は，あくまで，現状割り当てられている「放送電波」での「住民ファースト」な情報提供の可能性という意味で，それを定量化して把握することを目的としている。

5.2　アクティブ・アクセスからのアプローチ

　地域情報流通枠へのアクティブ・アクセスの際に，住民が「流通させたい」情報の例は，「イベントを開催するので取り上げて欲しい」，「通学路で事故が多発していることを報じて欲しい」，「市の待機児童対策を特集して欲しい」など，多種多様な利害を反映するものであり，一般的に人口が多い方がその情報の数は多くなる。また，住民のために「流通させるべき」情報の「災害・事件・事故など安心・安全に関わる情報」や「地方自治体の政治・行政に関わる情報」も，自治体の規模の大きさにある程度比例すると考えられる。

　そこで，人口1,000人当たりの地域情報流通実質時間量を値の高いものから

第9章　日本の電波割り当てと地域情報流通機能　183

図表9－8　人口1,000人当たりの地域情報流通実質時間量（年間）

順位	道府県	人口1,000人当たり「実質時間量」（分）	順位	道府県	人口1,000人当たり「実質時間量」（分）
1	石川	170	21	福島	99
2	和歌山	164	22	長野	96
3	高知	162	23	山口	93
4	福井	160	24	青森	92
5	岩手	153	25	京都	91
6	熊本	143	26	宮城	91
7	愛媛	136	27	島根	87
8	香川	134	28	岐阜	86
9	長崎	128	29	沖縄	83
10	鹿児島	127	30	福岡	80
11	奈良	121	31	北海道	76
12	大分	121	32	新潟	71
13	山形	121	33	岡山	68
14	滋賀	118	34	宮崎	67
15	三重	118	35	静岡	64
16	富山	118	36	佐賀	62
17	山梨	116	37	徳島	60
18	秋田	116	38	兵庫	38
19	広島	112	39	愛知	23
20	鳥取	105	40	大阪	20

注：都道府県人口は国勢調査（2017年10月1日現在）による。
出所：筆者作成。

順に示したのが**図表9－8**である。人口1,000人に対し，年間で与えられる時間は，最大の石川で170分，最小の大阪で20分となっている。特筆すべきは，1局地域の佐賀（62分）・徳島（60分）より，広域圏の兵庫（38分）・愛知（23分）・大阪（20分）の方が低い値という点である。人口が多いからであることは自明だが，地域情報流通実質時間量だけの比較では関東を除いた40自治体中9位だった兵庫が，人口を考慮すると38位にまで急落することは，単純な時間枠の比較だけでは地域性機能の検証として不十分であることの証左であろう。

　このように，住民による主体的な地域情報提供手段の1つとして地上波民放

テレビの放送を捉え，その提供可能性を定量化して比較すると，これまで見過ごされてきた地域情報流通機能の格差が浮き彫りとなった。つまり，少数チャンネル地域だけでなく，広域圏の大都市でも，放送の地域性が十分に発揮されていないのである。

6 おわりに

インターネット前夜，マスコミ四媒体（新聞・雑誌・ラジオ・テレビ）が情報流通をほぼ独占して担っていた時代は，あるいは，政治や行政など「難しいこと」は新聞で，テレビは主として「娯楽」という棲み分けがあったかもしれない。また，地域の話題は地方紙で，テレビからは「中央」のトピックを得たいというニーズも高かったと推測できる。

このため，放送政策においては「受信機会格差の是正」が制度設計の柱となってきたわけだが，新聞の発行部数が減り続け，メディア消費の形が多様化するなか，公共の電波を地域ごとに割り当てるテレビ放送置局の意義は，変容を遂げている。「中央」のコンテンツにリーチするための手段としてではなく，収益性の見込めないものも含めた「地域」のコンテンツを流通させるという，高度な公益性が求められているのではないだろうか。

とりわけ，地方分権，地方創生といった政策が推進されているなか，地域情報流通機能は，「都市部」「地方」を問わず，各地で強化されることが望ましい[8]。折しも，電波制度改革が議論の俎上に載せられ，放送用周波数が有効活用されているのかという問いが投げかけられている。

これに対し，理念や先進事例で「公共的役割」を主張するだけでは不十分で，具体的な指標から評価・検証することが必要であるという立場から，本章では，地域情報流通機能の定量化を試みた。地上波民放テレビの置局数をもとに，都道府県単位で地域情報流通機能を比較した結果，これまでほとんど注目されなかった広域圏の大都市の地域情報流通機能が不十分であることが浮き彫りになった。

これは，政策検討においては，地方局の救済という近視眼的議論ではなく，大局からの分析が必要であることを示したものである。

また，本分析の結果は，行政の裁量で決められたダブルスタンダードな放送対象地域区分と，法的根拠のない私企業間取引の系列ネットワークの存在，という２つを前提とすることの妥当性にも疑問を投げかけている。現体制維持を所与とせず，制度設計と産業構造のあり方から問い直すことにも切り込むべきではないだろうか。

最後に，本章の限界と今後の課題であるが，まず，地域情報流通枠という外形的な時間枠での分析であり，広域圏については域内の都府県数で均等割りするなど，実際の放送内容を反映できていない。また，住民が主体的に放送電波にアクセスして地域情報を流通させる「アクティブ・アクセス」は，前述の通り，実際には困難で，あくまで，現況分析の指標として定量化を試みる概念にすぎず，「住民ファースト」な地域情報流通が行われているかどうかの評価としては限界がある。

住民が主体となっての地域情報発信では，むしろ，SNSなどインターネットの活用が現実的であり，そうした新たな地域メディアに取り組む際に，他地域との比較で地域情報流通機能を強化する余地がどの程度あるのかを見積もる足がかりとして，「アクティブ・アクセス」からの接近は一定の意義があるといえるが，これについては稿を改める必要がある。地上波民放テレビの地域情報流通機能分析としては，放送内容を示すメタデータを入手しての分析や，住民アンケート調査などを行って，より情報の中身を反映した評価フレームワーク構築を今後の課題としたい。

付記

本稿は，「公益事業研究」第70巻２号に掲載された論文を加筆修正している。

《注》

1 「規制改革推進に関する第３次答申」を受けて，総務省・放送をめぐる諸課題に関する検討会では「放送サービスの未来像を見据えた周波数有効活用に関する検討分科会」を設置し，2018年７月18日の第二次取りまとめ案で，「地域に根ざした番組づくり」を具

体的施策として挙げている。

2　電波利用料額の減免措置として，放送事業には4分の1の特性係数（公共性等の特性を考慮した係数）が適用されてきた。携帯電話事業者は2分の1であったが，2018年8月に提出された総務省「電波有効利用成長戦略懇談会」の報告書において，減免幅を放送事業者と同水準の4分の1とするよう求めている。

3　テレビ放送のインターネット常時同時配信について，日本民間放送連盟は，マネタイズやローカル局の経営モデル崩壊の懸念から，一貫して慎重な姿勢を示してきた。

4　地域情報流通はインターネットやSNSも含めて確保していくべきものであり，筆者は，地上波民放局は電波での放送サービスを核として多メディアで地域情報流通を展開していく「総合地域情報プロバイダー」となるべきであるという立場をとるが，本章では放送用周波数利用に焦点を絞って議論する。

5　放送電波が近隣の放送対象地域外にも送出されることをスピルオーバーといい，たとえば，置局が1局の佐賀県と徳島県の広い範囲で，スピルオーバーにより，それぞれ福岡と関西の局の放送が視聴可能である。地上デジタル放送では一定の技術的制御が可能となったが，ケーブルテレビでの区域外再放送が行われている地域もある。これらは，発展的な地域情報流通機能分析においては検討すべき点である。また，地上デジタル放送では，1局につき標準画質で最大3チャンネルのマルチチャンネル放送が可能となっているが，ほとんど活用されていない。

6　県域独立局配置がない茨城が最小値で6,257時間である。

7　近似する考え方に「パブリック・アクセス」がある。「パブリック・アクセス」とは，市民が公共の資源や財産にアクセスする権利で，放送電波も公共の財産という観点から，北米，ドイツ，韓国などでは，市民が主体となって放送波を使って情報発信をする「パブリック・アクセス・チャンネル」の権利が制度化されている。

8　地上波テレビへの周波数割り当てについては，「地方」に過剰に与えられているのではないかという指摘もあるが，2018年7月の西日本豪雨災害では被災地が広範にわたり，テレビ報道が行き届かなかった。本章では，公益性の高い地域情報流通は，縮小ではなく拡充の方向から捉えるべきという立場をとる。

《参考文献》

井上禎男［2009］「地上波地方民放局の位相と目睹」『福岡大学法学論叢』53(4)，493-517頁。

紀伊洋一［2004］「ネットワーク・コミュニケーションと社会─放送メディア政策における『受け手』の視座」『情報化社会・メディア研究』Vol.1，37-47頁。

紀伊洋一［2007］「テレビジョン放送の視聴機会均等政策における地平：地上デジタル放送の区域外再送信問題を巡って」『情報化社会・メディア研究』Vol.4，5-16頁。

社団法人日本民間放送連盟［2016］『日本民間放送年鑑2016』コーケン出版。

社団法人日本民間放送連盟［2018］「今後の電波有効利用に関する民放事業者の考え方」電波有効利用成長戦略懇談会（第4回）提出資料2018年2月7日，http://www.soumu.go.jp/main_content/000533132.pdf（2018年7月25日閲覧）

砂川浩慶［2019］「周波数有効活用の光と影」『法学セミナー』Vol.64-01，65-66頁。

総務省・電波政策 2020 懇談会［2016］「電波政策 2020 懇談会報告書」2016 年 7 月，http://www.soumu.go.jp/main_content/000430220.pdf（2018 年 7 月 25 日閲覧）

総務省・放送を巡る諸課題に関する検討会・地域における情報流通の確保等に関する分科会［2017］「地域における情報流通の確保等に関する分科会取りまとめ～頑張るローカル局を応援する～」2017 年 5 月。http://www.soumu.go.jp/main_content/000487443.pdf（2018 年 7 月 25 日閲覧）

総務省・放送を巡る諸課題に関する検討会［2016］「第一次取りまとめ」2016 年 9 月 9 日，http://www.soumu.go.jp/main_content/000438533.pdf（2018 年 7 月 25 日閲覧）

村上聖一［2010］「民放ネットワークをめぐる議論の変遷～発足の経緯，地域放送との関係，多メディア化の中での将来～」『NHK 放送文化研究所年報』Vol.54，7-54 頁。

村上聖一［2017］「放送史への新たなアプローチ⑴放送の『地域性』の形成過程：ラジオ時代の地域放送の分析」『放送研究と調査』67⑴，28-47 頁。

湧口清隆［2002］「無線系テレビ放送の『公共性』」『メディア・コミュニケーション：慶應義塾大学メディア・コミュニケーション研究所紀要』No.52，129-139 頁。

吉次由美［2009］「"融合"時代　放送メディアの課題と可能性⑷これからのテレビに期待されること：地域社会貢献への道」『放送研究と調査』59⑼，26-37 頁。

脇浜紀子［2015］『「ローカルテレビ」の再構築—地域情報発信力強化の視点から』日本評論社。

第10章

メディア・ローカリズムを支える地域活性化
—福岡のケーススタディ

井上　淳

1　はじめに

　地域の経済力なくして，地域メディアによる健全なローカリズムは成り立たない。ローカリズムの健全な発展のためには，地域活性化が必要である。

　地域活性化のためには，農業でも，観光業でも，製造業でも，どの産業の活性化でも構わないかもしれないが，本章においては，筆者の関心事であるICT（Information and Communications Technologies：情報通信技術）分野に焦点を当てて考えたい。客観的にも，ICT分野は，2015年のわが国の名目GDP494.5兆円のうち44.2兆円であり，商業，不動産業に次ぐ規模となっており[1]，その産業の活性化は，重要である。

　そこで，本章においては，どうしたらICT産業が地域において発展するかについて考えてみたい。世界ではシリコンバレーに代表されるように，ICT産業が発展している地域もある。シリコンバレーについては，たとえば，Saxenian［1996］が分析し，シリコンバレー内での人材流動性を指摘している。また，夏目［2014］は，中国をはじめとするアジアのICT産業が発展している地域を分析しているが，そこでは，シリコンバレーからの帰国組の重要性を指摘している。これらの先行研究では，能力やノウハウを持った人間が移動し，その人間に蓄積された知見やノウハウが外部に伝播し，それがイノベーションを促す可能性を示唆している。

　人材が流動する形態としては，転職や兼職等も考えられるが，開業・スタートアップも重要なものの1つであろう。わが国においては，福岡県がスタート

第10章　メディア・ローカリズムを支える地域活性化　189

アップに積極的な支援を行っている。補論1として，都道府県ごとのICT産業のイノベーション力（全要素生産性（Total Factor Productivity：TFP））の試算やその要因分析を行ったが，確かに，福岡は，ICT産業のイノベーション力が高い。また，補論2として，内生的成長理論の考え方を利用して，TFPの高低の要因の計量分析を行ったところ，統計的に有意な要因は見いだせなかったが，新規開業の高さが相対的に有意であるという結果が得られた。

　そこで，本章においては，スタートアップ支援に積極的に取り組み，イノベーション力が高い福岡を取り上げて，地域におけるICT産業の発展の方法を考える。特に，ICTによるTFPによる影響（いわば「by ICT」）については，情報通信白書［2016］で分析されているが，ICT業そのもののTFPの分析（いわば「of ICT」）については，管見の限り承知していない。本章は，"of ICT"のTFP分析を地域別に試みるものである。

　なお，ICT産業とは，日本標準産業分類大分類G「情報通信業」であって，具体的には，「電気通信業」，「放送業」，「テレビジョン番組制作業，ラジオ番組制作業」，「インターネット付随サービス業」，「情報サービス業」および「映像・音声・文字情報制作業」が該当する。本章においては，特段のことわりがない限り，ICT産業とは，上記の業を指すものとする。

2　福岡のケーススタディ

　福岡県の県庁所在地である福岡市は，全国の政令市および東京23区（一括）のうち開業率が1位である[2]。その要因について，松原［2013］が福岡市の地理的要因として，県内地域（北九州，飯塚）と，アジア諸国との関係構築を指摘し，また，歴史的経緯として，福岡県が進めた「シリコンシーベルト福岡」の中核施設である「福岡システムLSI総合開発センター」の起業家育成の意義についても述べている（同第5章）。また，木下［2018］においては，必ずしも情報通信分野に関する指摘ではないが，福岡市が民間主導でまちづくりが進められたこと，工業からの素早く撤退しサービス業に注力したこと等を挙げている。別の視点として，小野瀬［2009］においては，ICT産業のストレスフルな労働環境の中で，福岡市の自然との近接性を利点として挙げている（同第8

章）。松原［2014］が「人材の交流を通じた情報や知識のフローの強化につなげ，クリエイティブ産業の集積間ネットワークの構築など，産業の活性化にどのように活かしていくかが，今後の課題」（同，84頁）と指摘するように，本章では，人材の流動性の観点から福岡のTFPが高い理由を考察してみたい。

本章で取り上げるスタートアップは，必ずしも，情報通信分野に絞った分析ではないが，福岡市では創業者の事業分野について，全159社のうち情報・通信分野が最多の42社となっているため[3]，ICT産業のTFPの高さを検討するうえでも有意義な示唆が得られると考える。

2.1 公的機関によるスタートアップ支援

福岡は，福岡市を中心に，スタートアップが盛んである。2015年度開業率が7.04パーセントとなっており，政令市および東京23区（一括）の中で最高値となっている[4]。また，福岡県でみても，5.94パーセントであり，沖縄県，埼玉県，千葉県についで4番目となっている（2010年度から2016年度までの平均）[5]。

行政としても，積極的にスタートアップを支援している。高島宗一郎福岡市長は，2012年に「スタートアップ都市宣言」を行い，具体的な政策を実施している。福岡市は，2014年5月に，国家戦略特区として「グローバル創業・雇用創出特区」の指定を受け，創業の支援と雇用の創出に取り組んでいる。たとえば，法人市民税の減税といった金銭的支援だけでなく，外国人の「経営・管理」の在留資格の要件緩和等を行っている。

また，福岡市は，スタートアップを支援するため，官民協働で「Fukuoka Growth Next」というインキュベート施設を運営している[6]。同施設は，廃校となった小学校校舎を活用するものであり，スタートアップが福岡市の中心地である天神地区の中では低廉な家賃で入居できる。また，士業やベンチャー・キャピタルの無料相談が受けられるカフェも併設されていたり，バーも併設されており，入居者同士で情報交換できる環境が整っている。「Fukuoka Growth Next」に関しては，50社以上が創業し，37億円以上の資金調達を実現したとのことである[7]。「Fukuoka Growth Next」は，2018年6月末現在，44室は満室であり，待機者リストもあり，また，営業等で「Fukuoka Growth

Next」に入居していることを売りにすることもあるようであり，同施設がスタートアップ支援の重要な要素となっていることは確かであろう。

　さらに，福岡においては，県の取り組みも注目に値するものがある。福岡県は，シリコンシーベルト構想の実施や，日本発プログラム言語Rubyの支援等，さまざまな取り組みを行ってきた。現在でも，毎月開催されるビジネス・マッチングの場「フクオカベンチャーマーケット（FVM）」や，福岡県Ruby・コンテンツビジネス振興会議等，県がスタートアップを支援する取り組みを行っている。

2.2　人材の輩出と交流

　政策を講じたとしても，その政策を享受する人材がいなければ，奏功しない。福岡市は，人口10万人当たりの大学・短大・高専・専修学校数が政令市および東京23区中１位であるなど人材を輩出するための教育機関が存立していることも確かであるが[8]，長山［2012］がレビューするスピンオフの観点から注目してみたい。福岡には，「システムソフト」と「リバーヒルソフト」というソフトウェアを制作する会社があった。福岡には，それらの企業が発展しただけでなく，そこから独立した企業も多い。**図表10－1**は，大渡［2007］の抜粋であるが，リバーヒルソフトおよびシステムソフトからは，レベルファイブが生まれている。

　シリコンバレーにおいても，フェアチャイルド・セミコンダクターから独立した者が起業し，「フェアチルドレン」という進化の系譜が描けるともいう[9]。福岡でも，既存企業からスピンオフして，起業が行われるという同様の状況が生じているとも考えられる。特に，「システムソフト」と「リバーヒルソフト」等が制作するゲームのソフトウェアにおいては，パブリッシャーがデベロッパーに発注することもあり，その発注が結果として情報や技術の伝搬を生み，地域全体の底上げにつながったとも考えられる。

　ベンチャー・キャピタル等が関与するスタートアップ支援のイベントの意義も傾注に値する。たとえば，明星和楽等のイベントが実施されているが，福岡県内の公知のイベントがあるため，そこで優秀な成績を収めれば，一気に名前が知れ渡るという利点もある。東京だと埋もれるようなスタートアップも福岡

192　第Ⅲ部　地域メディアをめぐる政策議論

図表10－1　福岡（九州）のゲーム関連企業の主な系譜

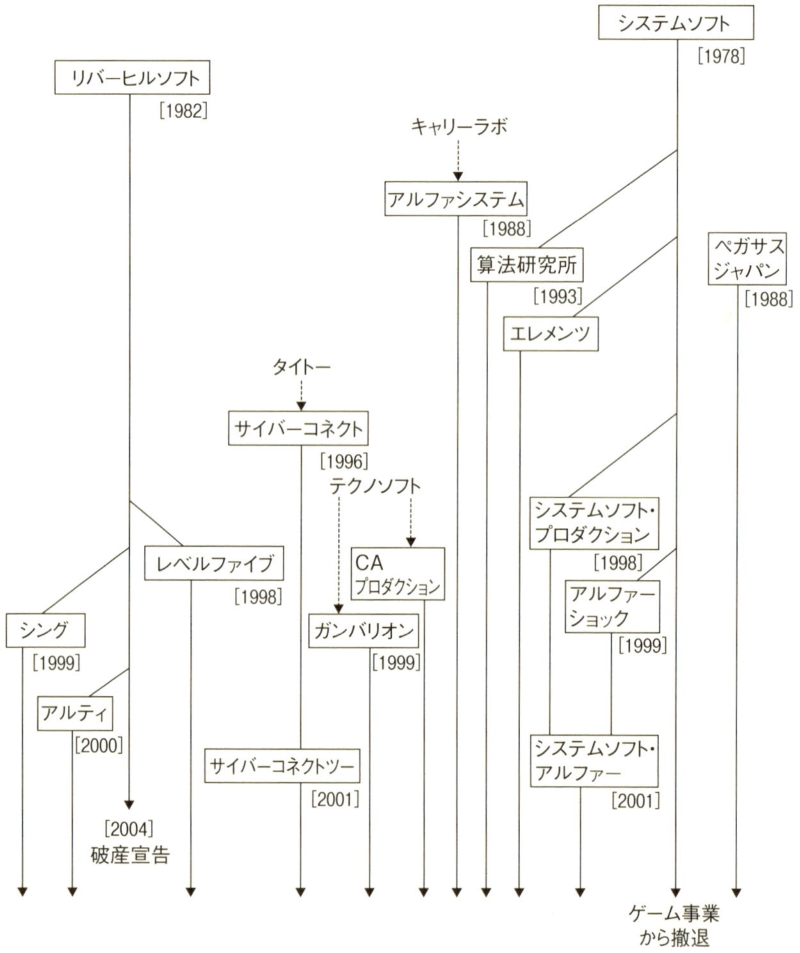

システムソフト [1978]

リバーヒルソフト [1982]

キャリーラボ

アルファシステム [1988]

ペガサスジャパン [1988]

算法研究所 [1993]

エレメンツ

タイトー

サイバーコネクト [1996]

テクノソフト

システムソフト・プロダクション [1998]

CAプロダクション

レベルファイブ [1998]

アルファーショック [1999]

シング [1999]

ガンバリオン [1999]

アルティ [2000]

サイバーコネクトツー [2001]

システムソフト・アルファー [2001]

[2004] 破産宣告

ゲーム事業から撤退

注：情報提供者の希望により一部簡略化，省略している。
資料：ヒアリング，インターネットにより筆者作成。
出所：大渡［2007］，20頁。

だとある程度目立てるという点や，東京よりも小さい規模のために，友だちの
友だちの範囲で必要な人材に出会えるという点もメリットとして考えられる。
また，大企業の場合には，守秘義務等の厳格な運用により交流を遠慮しなけれ
ばならない場合があるが，スタートアップの自由さからか，同業他社が集まっ

て，東京等の地域の情報を聞くような交流会も注目に値する。ICTにおいては，業務のモジュール化が可能であるため，このような交流は業務を受注する機会としても重要である。

2.3 好循環のキッカケ：首長の発信力

これまで，人材の輩出・交流の仕組みやスタートアップ施設をみてきたが，企業や産業の集積は，「みんなが集まるから集まる」というネットワーク効果が奏功しやすい[10]。人が集まれば集まるほど協働や情報共有の可能性が高まりイノベーションが生まれやすくなるとともに（直接のネットワーク効果），その集積やイノベーションを見て資金提供を行おうとする者や仕事を発注する者も，当該地域に注目するようになる（間接のネットワーク効果）。いったんネットワーク効果が働けば，雪だるま式，または勝者総どり（winner-all-take）式になる。これは，集積が「進む」理由であるが，そもそも，どうやって集積が「始まる」のだろうか。比較制度分析によれば，流動的な場合，歴史的偶然・ショックによって，複数の潜在的な均衡の中から，一の均衡に向けて動き出すとする[11]。たとえば，エスカレーターの右側通行・左側通行や，キーボードのQWERTY配列等，良いものが選ばれるわけではなく，それらが選ばれたのは，何らかの歴史的偶然による。一度動き出してある程度順調に進めば，ネットワーク効果等を通じて加速度的に一の均衡に収斂するというものである。

では，福岡の場合の契機は何だったのだろうか。集積の中心施設である「Fukuoka Growth Next」の管理運営者前田憲一氏にインタビューしたところ，当該施設の集積の理由として，立地の良さ（天神），賃料の低廉さ，高島市長の発信力ということを挙げていた。他の自治体でも，中心地に低額の賃料でオフィスを提供しているところも少なくないと思われるが，首長の発信力となると区々だろう。高島市長は，地域メディア出身であって，発信力は強い。首長の発信力について，有馬［2014］は，「自治体の知名度が上がり観光などの産業振興で有利なこと」（同，29頁）といったメリットがあるとしているし，牧野［2018］も，高島市長の発信力，アピール力を指摘する（同第5章）。「スタートアップ都市宣言」や国際戦略特区の取り組みを市長自らが発信することによって，スタートアップに対する福岡の前向きな姿勢の認知度が広まる。そ

194 第Ⅲ部 地域メディアをめぐる政策議論

して，スタートアップ支援の中核施設の1つである「Fukuoka Growth
Next」が満室となれば，その情報が話題性を生み，さらに認知度が高まる。
一度歯車が回り出せば，「みんなが集まるから集まる」という好循環が生まれ
る。

もちろん，首長の発信力さえあれば集積が生じるというわけではなく，人材
を輩出する地域であることや，本章の冒頭で触れたような歴史的経緯や自然環
境があること，九州地域の中心地であり支店経済都市であり一定以上の資金や
雇用があること[12]等も無視できない。ただし，その集積の契機として，首長の
発信があったことも否定できないだろう。

2.4 小 括

本節においては，TFPが高く，開業率も高い福岡をケーススタディとして
考えた。福岡においては，スタートアップを目指す人材やスタートアップをし
た者の集積に関して，好循環が生じているが，その好循環を生んだきっかけの
1つとして，首長の発信力を指摘した。高島市長は，地域メディアである民放
の出身である[13]。地域メディア出身であるからこそ，伝えるべき情報や伝え方
の選択に強みがあったとも考えられる。

首長と地域メディアの関係としては，ポピュリズムの観点から分析されるこ
とはある[14]，首長も，地域メディアも，地域情報を発信する重要なプレイヤー
であって，健全なローカリズムの発信の観点から，首長と地域メディアの関係
の分析や，地域メディアとしての首長の分析も承知していない。地域メディア
も報道機関であって，首長との適切な緊張関係は必要であるが，首長と地域メ
ディアの積極的な関係について検討することは，福岡の事例をみても，ローカ
リズムの発展および地域活性化のための興味深い課題と言える。

3 おわりに

情報は，活気のあるところ生まれる。活気がなければ，情報は生まれない。
発信すべき地域情報が生まれるためにも，地域経済の活性化は必要である。本
書の主たる目的は，ローカリズムの健全な発展のための分析であるが，地域活

性化と，地域情報を発信する地域メディアの健全な発展は密接に関連している。地域に必要な情報が十分に発信され，配信されるためにも，地域活性化は，重要である。

 付記

　第2節の福岡における取り組みについては，福岡県商工部山岸勇太氏および荒木美鈴氏，Fukuoka Growth Next前田憲一氏，一般社団法人StartupGoGo岸原稔泰氏に取材させていただいた。ここに記して謝意を表したい。もちろん，本章の誤りの責任は，すべて筆者による。また，本章の見解は，筆者がこれまでに所属した，または現に所属している組織の見解を示すものではなく，すべて筆者個人のものである。

　なお，本章は，慶應義塾大学学事振興資金（「ICT企業の海外展開に関する政策の調査研究」）の成果の一部である。

（補論１）都道府県別のICTのTFP

補1－1　TFPとは

　TFPは，経済成長に関して，生産要素である資本および労働の増加では説明しきれない貢献要素を示すものであり，「具体的には技術の進歩，無形資本の蓄積，労働者のスキル向上，経営効率や組織運営効率の改善などを表すと考えられる」（総務省［2016］，51頁）とされている。企業は，資本と労働を投入して生産し，付加価値を生み出すが，同じ量の労働や資本の投入であっても，イノベーションによって生産性が高いとより多くの付加価値をもたらすことができる。このイノベーションによる生産性の向上をTFPにより近似化する。その計測の方法としては，経済産業研究所等精緻なものがあるが[15]，最も単純化すれば，中小企業白書［2016］にあるような以下のものとなる[16]。生産関数

196 第Ⅲ部 地域メディアをめぐる政策議論

については，(1)式のようなコブ・ダグラス型生産関数を仮定し，(1)式を時間で微分して，(2)式のようなTFPの伸び率の式を得る。

$$Y = A \times K^{(1-\alpha)} \times L^{\alpha} \tag{1}$$

$$\dot{A}/A = \dot{Y}/Y - (1-\alpha)\dot{K}/K - \alpha\dot{L}/L \tag{2}$$

ただし，Y：生産額[17]，A：全要素生産性，K：資本，L：労働力，α：労働分配率，$1-\alpha$：資本分配率である。

(2)にあるとおり，TFP（$\dot{A}/A$）は，資本や労働の成長率の残差であって，必ずしもイノベーション力を直接計算するものではないが，その一方，投下量や労働投入量（従業員数），労働分配率に関わる従業員所得等については，データが比較的整備されているので，計算しやすいというメリットがある。情報通信白書［2016］や深尾他［2014］等でもTFPを技術の進歩等を表象するものとされている。以下では，この考え方をもとにICTのTFPについて推定する。

補1－2 都道府県別のICTのTFP

補1－1でみたモデルに基づき，都道府県別のICTのTFPの計算にあたっては，総務省および経済産業省「ICT基本調査」のデータを用いている。Y，K，Lについては，それぞれ「ICT基本調査」の第12表（都道府県別）の中から，それぞれ「売上高」，「固定資産」，「従業員数」を用いている。K/K，L/Lは，それぞれ一期前の数値を分母，今期と一期前の差を分子として計算している。αについては，都道府県ごとの給与総額や福利厚生費のデータがないため，同調査の第3表の全国ベースの営業費用に占める給与総額および福利厚生費の率を求め，第12表にある都道府県別の営業費用にその率を乗じ，都道府県別の労働分配率を推定した。都道府県別のICTのデータについては，2010年以降入手可能であり，2011年以降のTFPの変化率を毎年計算している。その結果は，**図表10－2**の通りである。

TFPは，先にも述べた通り，売上高の成長率から，労働および資本の成長率の残差であるため，単年でみると，売上高の増減，いわば景気に左右されてしまう。このため，以下の分析では，単年度ごとに比較するのではなく，2011

第10章　メディア・ローカリズムを支える地域活性化　197

図表10-2　都道府県別ICTのTFP

都道府県名	2011年	2012年	2013年	2014年	2015年	2016年	2017年	平均値
北海道	23.5%	9.9%	−1.4%	−5.0%	−2.5%	−19.8%	−4.4%	0.0%
青森	30.1%	−8.7%	3.7%	−4.3%	2.6%	−2.9%	4.2%	3.6%
岩手	17.0%	−22.6%	4.7%	3.1%	47.4%	3.2%	−30.8%	3.2%
宮城	28.2%	−173.1%	−2.1%	15.3%	−9.1%	3.3%	53.1%	−12.1%
秋田	−10.5%	21.0%	−5.1%	0.6%	3.8%	3.6%	−0.4%	1.9%
山形	−29.9%	13.4%	−6.2%	7.4%	10.6%	−0.4%	6.6%	0.2%
福島	172.7%	−150.3%	8.2%	−6.9%	8.3%	−11.3%	−13.1%	1.1%
茨城	36.5%	−43.2%	−13.1%	4.1%	−1.8%	0.2%	−20.0%	−5.3%
栃木	3.1%	90.0%	−6.6%	15.6%	3.5%	−13.7%	−15.7%	10.9%
群馬	2.7%	4.9%	3.7%	−3.6%	−1.5%	7.2%	−2.9%	1.5%
埼玉	−26.3%	−10.9%	6.4%	0.8%	17.2%	−11.3%	31.7%	1.1%
千葉	7.5%	56.9%	−12.8%	−16.5%	11.8%	−22.3%	12.3%	5.3%
東京	−12.8%	1.1%	5.1%	−1.1%	5.0%	−1.8%	13.9%	1.3%
神奈川	20.6%	−6.9%	−0.1%	3.7%	8.9%	−4.0%	−2.2%	2.9%
新潟	2.1%	−2.8%	−4.1%	−6.6%	0.5%	2.7%	−1.1%	−1.3%
富山	4.4%	12.1%	2.7%	6.2%	1.2%	−10.4%	0.4%	2.4%
石川	−11.3%	7.7%	22.8%	−0.7%	3.1%	−5.5%	−5.1%	1.6%
福井	−15.4%	16.4%	1.1%	−6.0%	25.7%	−7.3%	−4.1%	1.5%
山梨	−26.2%	15.2%	−8.5%	−1.7%	3.7%	−4.3%	17.5%	−0.6%
長野	6.1%	0.2%	−1.3%	11.2%	−5.1%	−1.5%	−12.8%	−0.4%
岐阜	5.9%	2.4%	7.8%	1.0%	−3.6%	7.6%	0.9%	3.1%
静岡	16.5%	−1.5%	9.4%	−5.4%	−0.1%	−3.1%	3.5%	2.8%
愛知	16.0%	2.5%	3.3%	−0.7%	1.5%	0.6%	−2.9%	2.9%
三重	30.5%	−0.7%	−7.4%	12.7%	−7.5%	2.6%	0.7%	4.4%
滋賀	−512.5%	2.3%	−23.4%	4.3%	75.0%	5.2%	−2.1%	−64.5%
京都	35.5%	4.1%	14.3%	−25.9%	−6.8%	−2.6%	−5.3%	1.9%
大阪	−24.6%	−1.7%	−0.6%	3.3%	14.5%	−0.3%	−13.0%	−3.2%
兵庫	−2.8%	28.3%	3.9%	23.7%	−6.2%	12.4%	−35.3%	3.4%
奈良	−352.1%	−0.3%	−2.3%	−0.4%	3.6%	4.7%	7.8%	−48.4%
和歌山	15.3%	−6.5%	−8.2%	−8.5%	5.8%	8.9%	−15.1%	−1.2%
鳥取	5.5%	−2.1%	0.7%	−10.9%	14.0%	−40.2%	17.9%	−2.2%
島根	11.3%	8.3%	−1.2%	2.8%	−8.3%	0.8%	−10.9%	0.4%
岡山	12.1%	−0.6%	4.9%	60.7%	−4.3%	−9.5%	4.9%	9.7%
広島	11.4%	−10.1%	−7.0%	0.8%	−5.6%	−6.7%	0.6%	−2.4%
山口	4.9%	−1.4%	2.5%	6.0%	0.6%	2.1%	−4.3%	1.5%
徳島	43.9%	9.5%	−2.1%	7.8%	4.0%	1.5%	−0.4%	9.2%
香川	4.2%	−0.4%	−6.4%	−17.5%	18.7%	0.7%	5.9%	0.8%
愛媛	30.4%	−2.1%	−10.2%	−6.1%	0.5%	5.4%	14.5%	4.6%
高知	27.4%	1.1%	12.8%	−0.4%	1.0%	−11.2%	1.6%	4.6%
福岡	51.4%	−27.6%	3.4%	54.3%	−10.9%	3.1%	−14.4%	8.5%
佐賀	−42.3%	−9.0%	0.4%	6.8%	3.4%	9.4%	11.3%	−2.8%
長崎	8.3%	−3.6%	7.6%	3.1%	51.5%	−21.1%	2.1%	6.8%
熊本	51.2%	0.1%	−24.7%	0.8%	12.3%	−15.2%	−1.1%	3.4%
大分	−14.7%	4.7%	−6.3%	9.5%	−0.7%	−6.8%	−4.5%	−2.7%
宮崎	2.3%	0.6%	3.0%	6.9%	−3.7%	9.5%	34.9%	7.6%
鹿児島	2.9%	9.0%	13.8%	6.1%	−3.3%	−5.9%	−3.0%	2.8%
沖縄	0.3%	6.9%	10.8%	15.5%	−7.2%	−7.0%	−1.8%	2.5%

年から2017年の平均値をとって考えたい。特に，単年でみた場合，特別な
ショックにより増減が大きく振れることもある。たとえば2011年に東日本大震
災が発生し，イノベーションというよりも，復興による特別な需要によって売
上が急増（たとえば，栃木県では2012年に売上高が前年比2.5倍）することも
ある。長期間の平均値をとることによって，各都道府県のファンダメンタルズ
をみることができると考える。その結果は，上位5県は，栃木県（10.9%），
岡山県（9.7%），徳島県（9.2%），福岡県（8.5%），宮崎県（7.6%）であった。

（補論2）TFPの高低の要因分析

補2-1　考え方

　TFPの要因分析の先行研究について，佐藤［2017］は，TFP上昇の説明変
数として企業の研究開発ストック等を取り上げ，企業の研究開発ストックと
TFPの上昇との間での正の相関関係等を指摘している。また，情報通信政策
総合研究所［2008］は，TFP上昇の説明要素として，ICTの利用度を取り上げ
て，企業のFTTH利用等との正の相関関係を指摘している。一方，人材の流動
性の観点からのICT産業のTFPの分析については，承知しておらず，本章は，
その点に貢献の余地があると考える。人材の流動性の分析にあたっては，内生
的成長理論が利用できる。内生的成長理論を解説するJones［1998］において
は，内生的に決まる最適な技術進歩は，以下の通りになるとしている。

$$\dot{A} = \delta L_A^{\lambda} A^{\varphi}$$

　ただし，δ：アイデアの発見確率，L_A：研究者数，λ：研究者の研究開発内
容の非重複度（$\lambda = 1$：重複無し），φ：研究成果の外部性

　このモデルのポイントは，技術進歩が研究によってもたらされるものであり，
研究者が多ければ多いほど（重複が少なければ少ないほど効率的）技術進歩が
生まれ，また，研究成果を多くの人が共有できればできるほど技術進歩が生ま
れるとするものである。

補2-2　分析で用いた変数とデータ

　以下では，補2-1でみた考え方を踏まえて，都道府県別のICTのTFP（ICTTFP）を被説明変数とするモデルを検討する。説明変数としては，研究成果の外部性や，研究者数，アイデア発見確率を表象するものが考えられるが，それぞれ以下のような考え方に基づきモデルを整備した。

　なお，データについて，被説明変数のICTTFPが一定期間の平均値をとったものであることから，説明変数のデータについても，一定期間の平均値をとった。ただし，データについては，さまざまな統計調査から利用しており，年度数にばらつきがある。さらに，新規開業数や転職者数，特許出願数についても情報通信分野に限定したものではなく，全産業に関するものを使った。

①研究成果の外部性

　研究成果の外部性，すなわち，研究成果のスピルオーバーについて，Arrow［1999］は，労働力の移動，商品の市場への投入，論文，インフォーマルな接触を知識や情報が伝搬する要素に挙げ，水野［2011］は，模倣や学会，業界団体活動などによる研究者の交流や転職による移動などを挙げている。また，本論でも述べた通り，Saxenian［1996］や夏目［2014］は，ICT分野においても労働力の移動の重要性について言及している。

　労働力の移動の形態としては，たとえば，人材が社内で移動するものも考えられるが，その場合には，研究成果等のスピルオーバーは期待されず，むしろ社内でその利用を限定しようとするだろう。そのため，労働力の移動として，外部へのスピルオーバーを考えるのであれば，新しく企業を立ち上げたり，他社に転職することの方が妥当であろう。そこで，本章では，データの利用可能性をも踏まえ，研究成果の外部性として，新規開業数（START）および転職者数（CHANGER）を利用した。

　具体的なデータについては，新規開業数（START）が，厚生労働省『雇用保険事業年報』の「新規開業数」の2011年度～2016年度の平均値であり，転職者数（CHANGER）が，総務省『社会・人口統計体系』の「転職者数」の2007年および2012年の平均値である。

②研究者数

研究者数については，比較的データが得られやすく，情報通信分野の研究従事者数（ICTRESEARCHER）を用いた。

具体的なデータについては，総務省『国勢調査』の「就業者数（学術研究，専門・技術サービス業）」について，「就業者数」のうちの「ICT従事者数」の割合により案分して算出したものである（2010年および2015年の平均値）。

③アイデアの発見確率

アイデアの発見確率についても，その測定が困難であるため，アイデア発見を表象した特許出願数（PATENT-APP）を，その変数として用いた。

具体的なデータについては，特許庁「特許行政年次報告書」の「特許出願数」の2011年から2017年の平均値である。

④在留外国人

なお，モデルの頑健性をみるため，多様性の指標として，在留外国人（FOREIGNER）を変数として用いた。データとしては，総務省『社会・人口統計体系』の在留外国人数を人口数で除した率の2012年度から2016年度の平均値である。

補2-3　モデルによる分析結果

これらを踏まえて，モデルを以下の通り設定した。

$$ICTTFP = \beta_0 + \beta_1\ START + \beta_2\ CHANGER$$
$$+ \beta_3\ PATENT\text{-}APP + \beta_4\ ICTRESEARCHER + \beta_5\ FOREIGNER + u$$

また，都道府県ごとの人口に差があり不均一分散が生じ得るため，総務省「国勢調査」の就業者数の2010年および2015年の平均値の逆数で重みを付ける最小二乗法を採用した[18]。

回帰したモデルの結果は，**図表10-3**の通りである（記述統計量および相関係数については**図表10-4**，**図表10-5**参照）。

第10章　メディア・ローカリズムを支える地域活性化　201

図表10－3　モデルの分析結果

非説明変数：ICTTFP

	モデル1			モデル2		
	係数	t 値	有意確率	係数	t 値	有意確率
（定数）	−0.18	−0.506	0.616	−0.024	−0.714	0.479
START	<u>1.452</u>	<u>1.582</u>	<u>0.121</u>	1.160	1.458	0.152
CHANGER	−1.346	−1.362	0.181	−0.848	−1.360	0.181
PATENT-APP	−0.918	−0.968	0.339	−0.442	−0.735	0.466
ICTRESEARCHER	0.287	0.523	0.604	0.093	0.203	0.840
FOREIGNER	0.478	0.652	0.518			
R 2	0.058			0.048		
各標本数	47			47		

注1：重み付き最小二乗法による。
注2：係数は標準化したもの。

図表10－4　記述統計量

	度数	最小値	最大値	平均値	標準偏差
ICTTFP	47	−.645	.109	−.006	.127
START	47	455.167	17,683.333	2,241.323	2,952.540
CHANGER	47	15.0	418.0	73.277	80.3023
PATENT-APP	47	120.286	137,173.571	5,749.070	20,785.474
ICTRESEARCHER	47	9.761	53,190.110	1,439.921	7,738.705
FOREIGNER	47	3,619.6	438,983.2	46,066.906	77,821.531

注：便宜上小数点第4位以下を四捨五入。

図表10－5　相関係数

	ICTTFP	START	CHANGER	PATENT-APP	ICTRESEARCHER	FOREIGNER
ICTTFP	1.000					
START	.049	1.000				
CHANGER	.005	.956	1.000			
PATENT-APP	.012	.827	.698	1.000		
ICTRESEARCHER	.016	.699	.560	.935	1.000	
FOREIGNER	.001	.925	.925	.839	.682	1.000

202 第Ⅲ部　地域メディアをめぐる政策議論

　結論としては，内生的成長理論の考え方を踏まえて分析したものの，情報通信のTFPの説明変数として90パーセントの信頼度（両側）で有意なものはなかった。また重回帰係数（R^2）をみても，これらの変数ではほとんど説明されないという結果になっている。ただし，その中でも，新規開業数については，あくまでも相対的ながらも有意であった。変数間の相関係数も高いため，過大評価されている可能性も否定できないが，新規開業は，過去に人間に蓄積された知見を活かして，新たな財やサービスの提供を行うものであり，新規開業が活発になればなるほど，イノベーション力が上昇すると考えることには，一定の合理性が認められるだろう。この結果からも福岡県の分析は興味あるものと言える。

《注》

1　総務省［2017］第2部第1節(2)。
2　福岡市HP（http://facts.city.fukuoka.lg.jp/data/entry-rates/）
3　福岡市の起業創業応援サイト（http://sougyou.city.fukuoka.lg.jp/modules/entrepreneurs/category.php）。
4　福岡市HP（http://facts.city.fukuoka.lg.jp/data/entry-rates/）
5　厚生労働省「雇用事業保険年報」。
6　https://growth-next.com/
7　福岡市「グローバル創業・雇用創出特区パンフレット」（http://www.city.fukuoka.lg.jp/data/open/cnt/3/59163/1/pamphlet.pdf）
8　福岡市HP（http://facts.city.fukuoka.lg.jp/data/school/）
9　Saxenian［1996］等参照。
10　細谷［2009(a)］，細谷［2009(a)］等参照。
11　奥野［1993］第9章。
12　松原［2014］。
13　福岡市HP（https://www.city.fukuoka.lg.jp/shisei/mayor/index.html）
14　例えば，北畠［2011］，野村［2011］，有馬［2017］。
15　総務省情報通信政策研究所［2008］，徳井他［2013］，深尾他［2014］等参照。
16　中小企業庁［2016］付注1－3－1。
17　中小企業庁［2016］においては，付加価値額＝営業利益＋動産不動産賃貸料＋人件費＋租税公課を用いている。総務省『情報通信業基本調査』においては，都道府県別の付加価値額のデータがあるものの，その他のデータがないため，ここでは売上高を用いている。
18　森田［2014］第11章。

《参考文献》

有馬晋作［2014］「首長の発信力と論点」『地方自治職員研修』2014年6月号，29頁。

有馬晋作［2017］『劇場型ポピュリズムの誕生：橋下劇場と変貌する地方政治』ミネルヴァ書房。

乾友彦［2003］「R&D投資は生産性を向上させているか」『経済セミナー』2003年12月号，15-19頁。

大渡理恵［2007］「地方都市におけるゲーム産業発展の可能性　福岡に立地するデベロッパーの実態分析を中心に」『九州経済調査月報』2007年5月号。

岡崎哲二［2005］『コア・テキスト　経済史』新世社。

岡部隆司・釘宮淳行［2002］「ibb fukuoka projectと福岡におけるITベンチャーの集積」『産業立地』2002年6月号，30-36頁。

奥野（藤原）正寛［1993］「現代日本の経済システム：その構造と変革の可能性」岡崎哲二・奥野正寛編『現代日本経済システムの源流』日本経済新聞社。

小野瀬拡［2009］「地域における企業家育成―福岡における事例を通じて」『経営者論』中央経済社。

北畠弦太［2011］「首長の発信力といかに向き合うか」『月刊民放』2011年7月号，10頁。

木下斉［2018］『福岡市が地方最強の都市になった理由』PHP研究所。

佐藤充［2017］「都道府県レベルのTFP成長率と研究開発活動の統計的検討　地域イノベーションの創出環境に関する予備的分析」『地域イノベーション』第9号，16頁。

総務省［2013，2016，2017］『情報通信白書』。

総務省情報通信政策研究所［2008］「情報通信と地域の生産性に関する調査研究」。

田所雅之［2017］『起業の科学　スタートアップサイエンス』日経BP社。

中小企業庁［2016］『中小企業白書』。

東洋経済新報社［2018］「福岡が起業の聖地になったワケ」『週刊東洋経済』2018年3月31日号，78-83頁。

徳井燕治・深尾京司・宮川努・荒井信幸・新井園枝・乾友彦・川崎一泰・児玉直美・野口尚洋［2013］「都道府県別産業生産性（R-JIP）データベースの構築と地域間生産性格差の分析」経済産業研究所。

半澤誠司［2016］『コンテンツ産業とイノベーション―テレビ・アニメ・ゲーム産業の集積』勁草書房，第8章。

平田渉［2012］「人口成長と経済成長：経済成長理論からのレッスン」日本銀行金融研究所『金融研究』。

深尾京司・池内健太・米谷悠・権赫旭・金榮愨［2014］「研究開発・イノベーション・生産性（RDIP）データベース」文部科学省科学技術・学術政策研究所。

牧野洋［2018］『福岡はすごい』イーストプレス。

松原宏［2013］『日本のクラスター政策と地域イノベーション』東京大学出版会。

松原宏［2014］「地方中枢都市：福岡」『地域経済論入門』古今書院。

水野真彦［2011］『イノベーションの経済空間』京都大学学術出版会。

森田果［2014］『実証分析入門』日本評論社。

中村豪［2003］「産業の生産性上昇における研究開発の外部性の役割　日本の製造業　1968-

96 年」『経済研究』54 巻 1 号，47 頁。

長山宗広［2012］『日本的スピンオフ・ベンチャー創出論　新しい産業集積と実践コミュニ
ティを事例とする実証研究』同友館。

夏目啓二［2014］『21 世紀の ICT 多国籍企業』同文舘出版。

野口悠紀雄［1974］『情報の経済理論』東洋経済新報社。

野村明大［2011］「発信する首長と既存メディアの役割」『月刊民放』2011 年 7 月号，13 頁。

細谷祐二［2009］「集積とイノベーションの経済分析　実証分析のサーベイとそのクラスター
政策の含意」前編『産業立地』2009 年 7 月号，29-38 頁。

細谷祐二［2009］「集積とイノベーションの経済分析　実証分析のサーベイとそのクラスター
政策の含意」後編『産業立地』2009 年 9 月号，46-50 頁。

細谷祐二［2017］『地域の力を引き出す企業—グローバル・ニッチトップ企業が示す未来』
筑摩書房。

Arrow, K. J. [1999] "Information and the organization of industry." Graciela Chichilnisky
ed., *Markets, information, and uncertainty, Essays in economic theory in honor of Kenneth J. Arrow*, Cambridge University Press.

Florida, R.L. [2005] *Cities and the creative class*, Routledge.（小長谷一之訳『クリエイティ
ブ都市経済論　地域活性化の条件』日本評論社，2010年）。

Jones, C. I. [1998] *Introduction to economic growth*, W.W. Norton & Company, Inc.（香西泰
監訳『経済成長理論入門』日本経済新聞社，1999年）。

Saxenian, A. L. [1996] *Regional advantage*, Harvard University Press（山形浩生監訳『現代
の二都物語』日経BP社，2009年）

Stiglitz, J. E. & Greenwald, B.C. [2015] *Creating a leaning society Reader's edition*, Columbia
University Press（藪下史郎監訳・岩本千晴訳『スティグリッツのラーニング・ソサイ
エティ　生産性を上昇させる社会』東洋経済新報社，2017年）

索　引

●英　数

1962年教育テレビジョン設置法
（the Educational Television
Facilities Act of 1962）·············· 156
1967年公共放送法（the Public
Broadcasting Act of 1967）········· 158
5G ··· 128
Accelerated Mobile Pages（AMP）··· 75
Affordability ······································ 12
Apple News Project ························ 75
Availability ·· 11
BBC Alba ·· 100
CBCハミルトン ································ 31
Center for Public Integrity（CPI）····· 42
CMB ·· 131
Comcast ·· 51
Co-opetition ······································ 85
Digital News Innovation（DNI）
プロジェクト ······························ 72
Digital News Report ······················ 74
D'Live ··· 131
Essentiality ······································ 11
EU ·· 13
Facebook ·· 16
Facebook Journalism Project（FJP）
··· 72
FairWarning ······································ 48
Fre-nemy関係 ·································· 85
Fukuoka Growth Next ················· 190
GAFA（Google, Apple, Facebook,
Amazon）······································ 64
Google ·· 72
Google News Initiative（GNI）········· 72
Google税騒動 ·································· 80

Hyundai HCN ································ 131
ICT産業 ·· 188
inewsource ·· 48
INN（Investigative News Network）
··· 43
Institute for Nonprofit News
（非営利ニュース協会）·············· 44
IPTV（インターネットテレビ）······ 121
ITV plc（ITV）································· 92
KHET ·· 164
NBC 7 ·· 48
NBCUniversal ··································· 51
NET（アメリカ教育テレビジョン）
ネットワーク ···························· 156
NHK ··· 15
Office of Communications（Ofcom）
··· 92
OTT ·· 127
PBS Hawai'i ···································· 164
Predictions for journalism ·············· 77
Public Service Media（PSM）········· 68
Reuters Institute for the Study of
Journalism（RISJ）······················ 68
T-broad ··· 131
The Center for Investigative
Reporting（CIR）························· 42
TIVIVA ··· 120
underwriting ···································· 162
Voice of San Diego ························ 43

●中国語

両微一端 ··· 142

●あ　行

アクティブ・アクセス ··················· 181

アルゴリズム変更 ················ 77
インターネットライブ ············ 145
ウィーチャット（微信） ·········· 143
ウェイボー（微博） ·············· 143
ウォッチドッグ（権力監視） ······ 42
英国放送協会（British Broadcasting
　　Corporation：BBC） ··········· 92
オーディオビジュアル・メディア・
　　サービス（Audio Visual Media
　　Service：AVMS）指令 ········· 65
オープン・プラットフォーム機能 ···· 35
オフサイト戦略 ·················· 71
オンサイト戦略 ·················· 71
オンタリオ州ハミルトン市 ········ 19
オンデマンドテレビ放送事業 ······ 23
オンライン地域メディア ·········· 30

●か　行

カーネギー委員会 ··············· 156
価値財（merit good（s）） ········· 6
カナダ放送協会
　　（Canadian Broadcasting
　　Corporation：CBC） ·········· 22
カナダ・ラジオテレビ通信委員会
　　（Canadian Radio-television and
　　Telecommunications Commission：
　　CRTC） ······················ 26
韓国コンテンツ振興院 ············ 133
間接のネットワーク効果 ·········· 193
教育テレビジョン委員会
　　（Carnegie Commission on
　　Educational Television） ······· 156
協業イニシアティブ ·············· 71
協働型地域メディア ·············· 61
クラウドファンディング ·········· 34
グレシャムの法則 ··············· 155
グローバル・プラットフォーマー ··· 64
ケーブルテレビジョン4.0 ·········· 119

権力監視機能 ··················· 29
公共サービス（public service）機能·· 44
公共サービス・ジャーナリズム
　　（public service journalism） ······ 33
公共サービス放送（Public Service
　　broadcasting：PSB） ··········· 92
公共財（public good（s）） ········· 6
公共テレビ公社（the Corporation for
　　Public Television：CPB） ······· 158
「公共テレビジョン組織の建設に関す
　　る勧告」（Public Television：
　　A Program for Action） ········· 156
公共放送 ····················· 9, 157
「公共放送サービス」
　　（Public Broadcasting Service：
　　PBS） ······················· 161
国営放送ネットワーク会社 ········ 140
コミュニティ紙 ················· 20
コミュニティチャンネル ·········· 23
コミュニティ放送局 ·············· 22
コミュニティ・ラジオ ············ 103
コンテンツ規制 ················· 25
コンテンツの政治性 ·············· 146

●さ　行

裁量的テレビ放送事業
　　（discretionary television service）
　　··························· 23
三大広域圏 ····················· 173
シェネル・ペドワル・カムリ
　　（Sianel Pedwar Cymru／Channel
　　Four Wales：S4C） ············ 99
自社制作比率 ··················· 177
四川省内江市 ··················· 139
ジャーナリズム ················· 9
ジャーナリズム機能 ·············· 10
ジャーナリズムスクール ·········· 57
社会的な疎外性 ················· 13

索 引 207

集合的知識・経験 ····················· 29
受信機会の格差 ····················· 173
首長の発信力 ························ 193
商業放送
　（Commercial Service Media：
　CSM） ······················ 69, 157
商業放送局 ·························· 22
情報メディア ························ 55
ショートビデオ ····················· 145
シリコンシーベルト福岡 ············· 189
垂直統合型通信事業者
　（vertically-integrated telecoms） ···· 27
スタートアップ支援 ················· 190
スタートアップ都市宣言 ············· 190
ストーリーテリング（Storytelling） ··· 55
スマートテレビ ····················· 144
セットトップボックス ··············· 127
ゼロテレビ時代 ····················· 122
選挙ニュース ······················ 130
全要素生産性
　（Total Factor Productivity：TFP）
　································· 189

●た　行

高島宗一郎福岡市長 ················· 190
多メディア表現スキル ··············· 60
地域DAB（local DAB） ············· 104
地域活性化 ························· 188
地域ジャーナリズム ················· 10
地域情報流通可能枠 ················· 176
地域情報流通機能 ··················· 168
地域情報流通実質時間量 ············· 177
地域情報流通枠 ····················· 175
地域チャンネル ····················· 120
地域ニュースの貧困（local news
　poverty） ························· 19
地域メディアの担い手 ··············· 60
地域免許制度 ······················ 169

置局格差 ··························· 174
地上テレビ放送事業 ················· 23
地上波民放テレビ4局化構想 ········· 172
チャンネル3 ························ 96
調査報道 ··························· 43
直接のネットワーク効果 ············· 193
データ共有ユニット
　（Shared Data Unit：SDU） ······· 112
データジャーナリズム ··············· 52
データ覇権 ························· 85
デジタル広告 ······················ 67
デジタルファースト ················· 58
『デジタル・ブリテン』
　（Digital Britain） ················ 108
テレビ用電波配分 ··················· 150
伝統メディア ······················ 138
電波制度改革 ······················ 184
電波の有限希少性 ··················· 170
電波の有効活用 ····················· 171
都道府県別のICTのTFP ············· 195

●な　行

内江市文化・ラジオ・テレビ・ニュー
　ス・出版総局 ····················· 139
二元体制 ··························· 59
ニュースクライアント（新聞客户端）
　································· 143
ニュース・コンソーシアム
　（Independently Financed News
　Consortia：IFNC） ··············· 109
ニュース・ハブ（News Hub） ········ 112
ニュース・メディア協会（News
　Media Association：NMA） ········ 111
ネーション（nation） ··············· 90
ネットフリックス（Netflix） ·········· 25
ノンリニアー・サービス ············· 78

●は　行

パートナーシップ ······················· 46
パッシブ・アクセス ····················· 181
パブリックアクセス ····················· 24
パブリック・レコード ··················· 33
ハミルトン・レポーター ················· 32
「番組協会機構」
　（the Station Program Co-Oporative,
　略称SPC）···························· 163
非営利型組織 ···························· 43
非営利デジタルニュースメディア ····· 48
非営利ニュースメディア ··············· 41
非競合性（nonrivalrous） ················ 7
ビジネス・イノベーション・技能省
　（Department for Business,
　Innovation & Skills：BIS）·········· 108
非商業教育放送（non−commercial
　educational broadcasting）·········· 151
非排除性（nonexcludable）·············· 7
被免許者の公共サービス責任
　（Public Service Responsibility of
　Broadcast Licensees）··············· 153
表現メディア ···························· 55
ファクトチェック ······················· 30
フェイクニュース ······················· 30
フォード財団 ···························· 156
プラットフォーマー ····················· 12
プラットフォーム ······················· 12
フリービュー（Freeview）············· 92
フリーミアム戦略 ······················· 76
「ブルーブック」（Blue Book）········· 153
文化・メディア・スポーツ省
　（Department for Culture, Media &
　Sport：DCMS）······················ 97
米国OTT-Vサービス ··················· 24
編成特化型の放送事業者
　（publisher-broadcaster）·············· 92

放送対象地域 ···························· 173
放送通信委員会 ·························· 120
放送の「地域性」 ······················· 169
放送法 ·································· 14
放送を巡る諸課題に関する検討会···· 168

●ま　行

マスコミ四媒体 ·························· 184
マルチスキル人材 ······················· 36
マルチプラットフォーム
　（Multiplatform）···················· 55
マルチプラットフォーム・ストーリー
　テリング ······························ 54
マルチプレックス事業者
　（multiplex operator）··············· 94
マルチメディア・ジャーナリスト ····· 46
マルチメディア・ジャーナリズム ····· 55
民放ネットワーク ······················· 171
メディア管理体制 ······················· 136
メディア集中（media concentration）
　······································ 24
メディア所有規制 ······················· 26
メディア属性 ···························· 142
メディア融合 ···························· 138
メディア・ローカリズム ················· 2
モバイル・インターネット ············· 137
モバイル・ジャーナリズム
　（Mobile Journalism）··············· 38

●や　行

有料テレビ放送事業 ····················· 23
ユニバーサルサービス ··················· 6

●ら　行

リージョン（region）··················· 90
リップマンの公共放送導入論 ·········· 155
リニアー・サービス ····················· 78
リンク税 ································ 65

索　引　209

連邦通信委員会（Federal
　Communications Commission：
　FCC）……………………………150
ローカリズム原則
　（localism principle）……………1, 150
ローカル（local）………………………90
『ローカル及びリージョナル・メディ
　アの未来』（Future for local and
　regional media）……………………108
ローカル・ニュース・パートナーシッ
プ（Local News Partnership：
　LNP）……………………………111
ローカル民主主義報道サービス
　（Local Democracy Reporting
　Service：LDRS）………………112
ローカル・メディア行動計画
　（Local Media Action Plan）………97

●わ　行

ワシントンポスト紙…………………16

●執筆者紹介（執筆順）

菅谷　実（すがや　みのる）　　　　　　　　　　　　　　序章・第8章
編著者紹介参照

神野　新（かみの　あらた）　　　　　　　　　　　　　　第1・4章
㈱情報通信総合研究所法制度研究部主席研究員，慶應義塾大学非常勤講師
専門領域：情報メディア産業論，情報通信政策論
主要業績：
『日本のM&A：企業統治・組織効率・企業価値へのインパクト』（共著）東洋経済新報社，
2007年。
『デジタルメディアと日本社会』（共著）学文社，2013年。

米谷　南海（よねたに　なみ）　　　　　　　　　　　　　第2章
一般財団法人マルチメディア振興センター情報通信研究部研究員，東京都市大学非常勤講師
専門領域：メディア産業論，情報通信政策論
主要業績：
『地域メディア力：日本とアジアのデジタル・ネットワーク形成』（共著）中央経済社，2014年。
『東アジアのケーブルテレビ：政府企業間関係から見る社会的役割の構築過程』中央経済社，
2019年。

脇浜　紀子（わきはま　のりこ）　　　　　　　　　　　　第3・9章
編著者紹介参照

上原　伸元（うえはら　のぶもと）　　　　　　　　　　　第5章
東京国際大学国際関係学部教授
専門領域：コミュニケーション政策論，メディア論
主要業績：
『東アジアのメディア・コンテンツ流通』（共著）慶應義塾大学出版会，2005年。
『海外通信白書2007』（共著）NTT出版，2007年。
『地域メディア力：日本とアジアのデジタル・ネットワーク形成』（共著）中央経済社，2014年。
『メディアコンテンツ学概論』（共著）新評論，2019年（予定）。

趙　　章恩（ちょう　ちゃんうん）　　　　　　　　　　　　第6章
東京大学大学院情報学環特任助教
専門領域：社会情報学，放送通信政策論
主要業績：
「海外動向韓国編」『デジタルコンテンツ白書』社団法人日本デジタルコンテンツ協会，2006〜
2019年。
「日本のインターネット海賊版サイトブロッキング問題」『海外コンテンツ産業動向』Vol. 18-16,
韓国コンテンツ振興院，2018年。

劉　　佳（りゅう　か）　　　　　　　　　　　　　　　　第7章
中国四川省内江師範学院（Neijiang Normal University），範長江新聞学院（Fan Changjiang
College of Journalism）専任講師
専門領域：メディア産業論，情報通信政策論
主要業績：
「民生新聞の主流化と主流ニュースの民生化：中国テレビ新聞界の双方向合流」『ニュースと作
文』2009年。

"A Study on the Internet Media Governance Model：Using the Case of Live Streaming in
China as an Example", The 14th International Telecommunications Society（ITS）, Asia-Pa-
cific Conference, 2017.

井上　　淳（いのうえ　じゅん）　　　　　　　　　　　　第10章
慶應義塾大学メディア・コミュニケーション研究所訪問研究員
専門領域：情報通信政策論
主要業績：
「EUにおけるビデオ共有プラットフォームに対する規制案について：視聴覚メディア・サービ
ス指令の改正による違法・有害コンテンツ対策の提案」『情報通信学会誌』第34巻第3号，
2017年。
「EUにおける「非」個人データへのアクセスに関する政策動向及び経済分析について」『情報
通信学会誌』第35巻第4号，2018年。

●編著者紹介

脇浜　紀子（わきはま　のりこ）
京都産業大学現代社会学部教授
専門領域：地域メディア論，放送通信政策論
主要業績：
『テレビ局がつぶれる日』東洋経済新報社，2001年。
『地域メディア力：日本とアジアのデジタル・ネットワーク形成』（共著）中央経済社，2014年。
『ローカルテレビの再構築─地域情報発信力強化の視点から』日本評論社，2015年。

菅谷　　実（すがや　みのる）
白鷗大学客員教授，慶應義塾大学名誉教授
専門領域：メディア産業論，情報通信政策論
主要業績：
『アメリカの電気通信政策』日本評論社，1989年。
『アメリカのメディア産業政策』中央経済社，1997年。
『映像コンテンツ産業とフィルム政策』（編著）丸善，2009年。
『太平洋島嶼地域における情報通信政策と国際協力』（編著）慶應義塾大学出版会，2013年。
『地域メディア力：日本とアジアのデジタル・ネットワーク形成』（編著）中央経済社，2014年。

メディア・ローカリズム
地域ニュース・地域情報をどう支えるのか

2019年10月20日　第1版第1刷発行

編著者	脇　浜　紀　子
	菅　谷　　　実
発行者	山　本　　　継
発行所	㈱中央経済社
発売元	㈱中央経済グループ パブリッシング

〒101-0051　東京都千代田区神田神保町1-31-2
電　話　03 (3293) 3371 (編集代表)
　　　　03 (3293) 3381 (営業代表)
http://www.chuokeizai.co.jp/
印刷／㈱堀内印刷所
製本／侑井上製本所

© 2019
Printed in Japan

＊頁の「欠落」や「順序違い」などがありましたらお取り替えいた
しますので発売元までご送付ください。（送料小社負担）

ISBN978-4-502-31931-0　C3034

JCOPY〈出版者著作権管理機構委託出版物〉本書を無断で複写複製（コピー）することは,
著作権法上の例外を除き,禁じられています。本書をコピーされる場合は事前に出版者著
作権管理機構（JCOPY）の許諾を受けてください。
　JCOPY〈http://www.jcopy.or.jp　eメール：info@jcopy.or.jp〉

本書とともにお薦めします

新版
経済学辞典

辻　正次・竹内　信仁・柳原　光芳〔編著〕　四六判・544頁

本辞典の特色

- 経済学を学ぶうえで，また，現実の経済事象を理解するうえで必要とされる基本用語約1,600語について，平易で簡明な解説を加えています。

- 用語に対する解説に加えて，その用語と他の用語との関連についても示しています。それにより，体系的に用語の理解を深めることができます。

- 巻末の索引・欧語索引だけでなく，巻頭にも体系目次を掲載しています。そのため，用語の検索を分野・トピックスからも行うことができます。

中央経済社